走进大学
DISCOVER UNIVERSITY

什么是
船舶与海洋工程？

WHAT IS
NAVAL ARCHITECTURE AND OCEAN ENGINEERING?

张桂勇　汪骥　主编

大连理工大学出版社
DALIAN UNIVERSITY OF TECHNOLOGY PRESS

图书在版编目(CIP)数据

什么是船舶与海洋工程？/ 张桂勇，汪骥主编.
大连：大连理工大学出版社，2024.8. -- ISBN 978-7-5685-5084-0

Ⅰ．U66;P75

中国国家版本馆 CIP 数据核字第 2024VJ3374 号

什么是船舶与海洋工程？
SHENME SHI CHUANBO YU HAIYANG GONGCHENG?

策划编辑：苏克治
责任编辑：王　伟　李宏艳
责任校对：周　欢
封面设计：奇景创意

出版发行：大连理工大学出版社
　　　　　（地址：大连市软件园路 80 号，邮编：116023）
电　　话：0411-84708842(发行)
　　　　　0411-84708943(邮购)　0411-84701466(传真)
邮　　箱：dutp@dutp.cn
网　　址：https://www.dutp.cn

印　　刷：辽宁新华印务有限公司
幅面尺寸：139mm×210mm
印　　张：5.75
字　　数：129 千字
版　　次：2024 年 8 月第 1 版
印　　次：2024 年 8 月第 1 次印刷
书　　号：ISBN 978-7-5685-5084-0
定　　价：39.80 元

本书如有印装质量问题，请与我社发行部联系更换。

出版者序

高考，一年一季，如期而至，举国关注，牵动万家！这里面有莘莘学子的努力拼搏，万千父母的望子成龙，授业恩师的佳音静候。怎么报考，如何选择大学和专业，是非常重要的事。如愿，学爱结合；或者，带着疑惑，步入大学继续寻找答案。

大学由不同的学科聚合组成，并根据各个学科研究方向的差异，汇聚不同专业的学界英才，具有教书育人、科学研究、服务社会、文化传承等职能。当然，这项探索科学、挑战未知、启迪智慧的事业也期盼无数青年人的加入，吸引着社会各界的关注。

在我国，高中毕业生大都通过高考、双向选择，进入大学的不同专业学习，在校园里开阔眼界，增长知识，提升能力，升华境界。而如何更好地了解大学，认识专业，明晰人生选择，是一个很现实的问题。

为此,我们在社会各界的大力支持下,延请一批由院士领衔、在知名大学工作多年的老师,与我们共同策划、组织编写了"走进大学"丛书。这些老师以科学的角度、专业的眼光、深入浅出的语言,系统化、全景式地阐释和解读了不同学科的学术内涵、专业特点,以及将来的发展方向和社会需求。希望能够以此帮助准备进入大学的同学,让他们满怀信心地再次起航,踏上新的、更高一级的求学之路。同时也为一向关心大学学科建设、关心高教事业发展的读者朋友搭建一个全面涉猎、深入了解的平台。

我们把"走进大学"丛书推荐给大家。

一是即将走进大学,但在专业选择上尚存困惑的高中生朋友。如何选择大学和专业从来都是热门话题,市场上、网络上的各种论述和信息,有些碎片化,有些鸡汤式,难免流于片面,甚至带有功利色彩,真正专业的介绍尚不多见。本丛书的作者来自高校一线,他们给出的专业画像具有权威性,可以更好地为大家服务。

二是已经进入大学学习,但对专业尚未形成系统认知的同学。大学的学习是从基础课开始,逐步转入专业基础课和专业课的。在此过程中,同学对所学专业将逐步加深认识,也可能会伴有一些疑惑甚至苦恼。目前很多大学开设了相关专业的导论课,一般需要一个学期完成,再加上面临的学业规划,例如考研、转专业、辅修某个专业等,都需要对相关专业既有宏观了解又有微观检视。本丛书便于系统地识读专业,有助于针对性更强地规划学习目标。

三是关心大学学科建设、专业发展的读者。他们也许是大学生朋友的亲朋好友,也许是由于某种原因错过心仪大学或者喜爱专业的中老年人。本丛书文风简朴,语言通俗,必将是大家系统了解大学各专业的一个好的选择。

坚持正确的出版导向,多出好的作品,尊重、引导和帮助读者是出版者义不容辞的责任。大连理工大学出版社在做好相关出版服务的基础上,努力拉近高校学者与读者间的距离,尤其在服务一流大学建设的征程中,我们深刻地认识到,大学出版社一定要组织优秀的作者队伍,用心打造培根铸魂、启智增慧的精品出版物,倾尽心力,服务青年学子,服务社会。

"走进大学"丛书是一次大胆的尝试,也是一个有意义的起点。我们将不断努力,砥砺前行,为美好的明天真挚地付出。希望得到读者朋友的理解和支持。

谢谢大家!

苏克治
2021 年春于大连

前　言

每个少年的心中都有一个远方,就像每个少年的心中都有一片海洋。当我们站在海边眺望远方,仿佛我们正在与最为神秘和广阔的世界发生着深刻的连接,而船舶与海洋工程正是人类认识这片广袤的蓝色海域最有效的纽带。它不仅承载着人类对于海洋世界探索、开发和应用的科学理想和热忱希望,它也是许多科学家前赴后继、勇于探索、辛勤科研的产物。《什么是船舶与海洋工程?》将带领读者深入探索这一神奇而又充满活力的领域,揭示其中的奥秘和精彩。

面对蔚蓝而深沉的大海,我们总会对未知生出强烈的探索欲望:从古代的水运到今天的海运,海上运输贸易如何实现?海上丝绸之路如何形成?意味着高科技的雪龙号极地考察船和水下机器人是怎么一回事?在水上威风八面的舰艇和水下潜艇又有怎样的科学奥秘?在这本《什么是船舶与海洋工程?》的科普书中,这些问题都将一一得到解答。

海洋是地球上最重要的资源之一,拥有丰富的生物资源、矿产资源和能源资源,是人类的重要粮仓、能源库和生态屏

障。而船舶作为海洋上的主要交通工具,承载着全球贸易的重任,连接着世界各地的经济体系。同时,海洋工程的发展也推动了海洋资源的开发利用和海洋科学的研究探索。海洋工程在海洋能源开发、海洋地质勘探、海底通信等领域发挥着不可替代的作用,为人类提供了更多的发展空间和生存保障。

然而,无论是海洋运输、海洋科考,还是海洋资源开发、海军舰船,都离不开船舶与海洋工程的支撑与推动。首先,本书将简要分析船舶与海洋工程的内涵和意义,以及船舶与海洋工程的任务是什么。

其次,在海洋贸易运输方面,本书将从内河航运和沿海航运两个方面讲解水运概况。通过对于船舶知识的讲解,让读者从新角度理解海上丝绸之路,并简述传统船舶和高技术船舶的种类和概念。在海洋科考方面,本书将从极地科考技术与装备、水下技术与装备、水下探测技术与装备三个方面来说明前沿科技的成果和科考主要方向与研究内容。在海洋资源开发方面,本书从渔业资源、矿产资源和新能源三个主要资源领域来说明海洋资源开发的技术与装备情况,让大家对于海洋牧场、油气资源和潮汐能、波浪能等概念有初步了解。在海军建设方面,主要介绍了水面战斗舰艇、潜艇和无人船三大领域的装备情况,铸造中国海军的海上长城。

最后,在船舶与海洋工程的专业人才培养领域,本书为读者简要概括了本专业的历史和传承、现代和发展,分析了本专业的知识结构和课程体系,让大家对于专业学习和科研方向有初步的理解,激发读者的研学兴趣。将创造力满满的少年引入一片崭新的领地,打开对于海洋的新想象。

或许你们会对船舶与海洋工程充满好奇,或许你们会觉得这个领域太过复杂,但是不要害怕,通过阅读本书,你们将会了解海洋的壮丽、船舶的魅力和海洋工程对于家国的重要意义。希望这本书能够激发你们对于海洋和船舶的兴趣,引导你们走进海洋工程的世界,为未来的海洋事业贡献自己的力量。愿《什么是船舶与海洋工程?》成为你们探索知识的指南,开启一段充满发现和探索的旅程!

本书由大连理工大学船舶工程学院部分教师集体编写,由张桂勇、汪骥进行整体结构设计、制订编写大纲并组织编写。第一部分由张桂勇、张之凡执笔,第二部分由李楷执笔,第三部分由刘松执笔,第四部分由陈景杰执笔,第五部分由周波执笔,第六部分和第七部分由汪骥、张之凡执笔,最后由张之凡统稿。

祝愿你们阅读愉快!

编　者
2024 年 5 月

目　录

初识船舶与海洋工程 / 1
 船舶与海洋工程的内涵 / 1
  走进船舶与海洋工程的世界 / 1
  船舶工程的发展之路 / 3
  海洋工程的发展之路 / 6
 船舶与海洋工程的意义 / 11
  海洋运输与深海极地探索 / 11
  海洋资源与国家海防安全 / 13
 船舶与海洋工程的任务 / 16

纵横四海 / 18
 水运概况 / 18
  内河航运现状及发展方向 / 19
  沿海航运现状及发展方向 / 21
  远洋航运现状及发展方向 / 22
 海上丝绸之路 / 24
  古代海上丝绸之路的船型 / 25
  "一带一路"倡议下的航运选择 / 26

传统船舶 / 30
  油船 / 30
  集装箱船 / 32
  散货船 / 35
  客滚船 / 37
高技术船舶 / 39
  LNG 船 / 39
  豪华邮轮 / 42
  千奇百怪的运输船 / 44

探索海洋：助力海洋科考 / 49
极地科考技术与装备 / 50
  极地科考——破冰技术总览 / 50
  国之重器——雪龙号极地考察船 / 52
水下技术与装备 / 53
  深海"精灵"——水下机器人 / 54
  挺进深蓝——"蛟龙"号载人深潜器 / 56
  海洋监测——深海浮标 / 58
  海底"旗舰"——深海空间站 / 59
水下探测技术与装备 / 61
  环境保护——水下噪声探测技术 / 61
  深海探索——水下探测目标接收技术 / 63
  海中"千里眼"——声呐装备 / 64
  深海勘探——物探调查船 / 67

经略海洋：推动海洋资源开发 / 69
海上资源 / 70
  风能开发技术与装备 / 70

波浪能开发技术与装备 / 74
　　潮汐能开发技术与装备 / 79
　海中资源 / 84
　　海上捕鱼技术与装备 / 84
　　海上养鱼技术与装备 / 89
　海底资源 / 95
　　油气资源开发技术与装备 / 95
　　矿物质资源开发技术与装备 / 101

守卫海洋：铸造海上长城 / 107
　水上卫士：水面战斗舰艇 / 107
　　水面战斗舰艇的发展历史和分类方法 / 108
　　典型作战舰船 / 109
　　典型辅助舰船 / 113
　水下卫士：潜艇 / 115
　　潜艇的发展历史和分类方法 / 116
　　典型常规动力潜艇 / 118
　　典型核动力潜艇 / 119
　引领科技前沿：无人船 / 121
　　无人船的发展历史和分类方法 / 121
　　典型遥控无人船 / 124
　　典型自控无人船 / 125

逐梦海洋：铺就成才之路 / 128
　船舶与海洋工程的专业图谱 / 128
　　船舶与海洋结构物设计制造 / 129
　　轮机工程 / 130
　　水声工程 / 132

深海技术与装备 / 133
　　海洋智能与无人技术 / 134
中国船舶与海洋工程专业的水平情况 / 137
　　历史和传承 / 137
　　现状和发展 / 141
船舶与海洋工程专业的知识结构和课程体系 / 148
　　知识结构 / 148
　　课程体系 / 150

奔赴星辰大海：未来发展大有可为 / 152
　时代需求 / 152
　就业领域 / 154
　　就业去向 / 154
　　薪资待遇 / 159
　　继续深造 / 160
　职业发展 / 161

参考文献 / 163

"走进大学"丛书书目 / 165

初识船舶与海洋工程

海洋对人类社会生存和发展具有重要意义，海洋孕育了生命、联通了世界、促进了发展。

——习近平

▶▶ 船舶与海洋工程的内涵

➡➡ 走进船舶与海洋工程的世界

海洋是生命的摇篮，总面积约为3.6亿平方千米，约占地球表面积的71%。自古以来，海洋就与人类有着密不可分的联系。海洋为人类社会提供了数不清的鱼类，带来了航行的便利，蕴含着无尽的宝藏。我国是一个负陆面海，陆海兼备的大国。习近平总书记在中国共产党第十九次全国代表大会的报告中提出了"坚持陆海统筹，加快建设海洋强国"的战略部署。如今，建设海洋强国已成为中国特色社会主义事业的重要组成部分，经略海洋迎来前所未有的机遇。

21世纪，人类进入大规模开发利用海洋的时期。海洋工程装备是开发、利用和保护海洋所使用的各类装备的总称，是

海洋经济发展的前提和基础。船舶与海洋工程专业的研究对象不只是船舶，还包括各种海上运载器，如海上移动固定建筑结构、水面船舶、水下潜器、水面浮台等。随着制造业数字化、网络化、智能化逐渐成为技术变革的重要趋势，船舶与海洋工程也迎来了行业的转型升级。新能源船舶、无人智能船、大型浮式基地、载人深潜器、航空母舰、深海油气开采平台、超大型运输船、极地科考船等高技术型船舶与海洋工程装备蓬勃发展。

人类对海洋的探索、开发和保护对工程技术有高度的依赖性。辽阔的海洋和丰富的海洋资源，为船舶与海洋工程专业发挥作用提供了一个大舞台。如今，海洋在国际合作与竞争中的地位和作用更加重要，人类进入了开发海洋资源和利用海洋战略空间的新阶段，海洋在保障国家总体安全、促进经济社会发展等方面的战略地位更加突出。随着国际形势的变化和我国综合国力的增长，船舶与海洋工程已然成为我国发展海洋经济、保护海洋生态环境而亟待发展的学科。船舶与海洋工程运用了物理、数学、力学、船舶与海洋工程原理的基本理论和基本知识，涵盖了船舶与海洋结构物设计制造、轮机工程、水声工程、深海技术与装备、海洋智能与无人技术等多项研究领域，通过与多学科新技术的交叉融合，不断迸发出新的力量，成为推进我国海洋强国现代化建设的关键力量。中国正在坚定不移地实施"科教兴国"战略，相信随着船舶与海洋工程技术的发展，相关专业人员也将为人类科学开发和利用海洋资源作出积极的贡献。

➡➡ 船舶工程的发展之路

船舶工程是为水上交通、海洋开发及国防建设提供技术装备的现代综合性产业,被誉为"综合工业之冠",其起源可以追溯到石器时代。我国的造船具有悠久的历史,从最初的小木舟到如今的钢铁巨轮,船舶的发展大体可以根据推进方式分为四个主要时代:舟筏时代、帆船时代、蒸汽机船时代和柴油机船时代。

❖❖ 舟筏时代

船舶的最初形态可能就是一根木头。古时,人们"观落叶以为舟",开始了造船的尝试。最早的渡河工具是将一些漂浮物捆在一起制成筏,如竹筏、木筏、草筏等。这代表着人类开始主动创造工具以实现水上交通。据考证,筏作为舟船发明以前出现的第一种水上运载工具,是新石器时期我国东南部的百越人发明的。经过长期的渡河实践,我们的祖先逐渐意识到:漂浮物浸入水中的部分越多,能够提供的浮力也越大。因此把一段树木平整、挖空,就可以成为一只坚固耐用和操作灵便的运载工具——独木舟。独木舟大体问世于旧石器晚期,也是我们所熟知船舶的雏形。我国西周时期的《易经·系辞》中就有关于独木舟制造方法的记载:"刳木为舟,剡木为楫"。筏、舟的发明和广泛使用为我国的航海业奠定了基础。由"筏"向"舟"的演化迈出了重要的一步。随着生产力水平的提高,殷商时期出现了将原木进一步加工制成的木板船,突破了一根原木的限制。与之配合的推进工具则演化为篙、桨或橹。木板船以木板平接或搭接成为船壳,内部用隔壁和肋骨

以增加强度，形成若干个舱室，为船舶大型化和多样化发展开辟了道路。

✥✥ 帆船时代

帆船时代是指借助自然风力来推动船舶，推进工具进化为帆。商代时，我国发明并使用了风帆，大大推进了前进的速度。这是船舶推进动力的一次飞跃，也是人类对自然风力资源的具有创造性的开发。木板船上使用了风帆，就可以因风致远，使航海范围日益扩大，向大海的深远处发展。郑和船队下西洋就是凭借着当时最大的帆船远渡非洲，充分促进了我国和亚非各国的经济文化交流。这样庞大的船队远航，除了有精湛的航海技术之外，没有高度发达的造船技术，是不可能实现的。欧洲的远洋航行，到了15世纪末至16世纪初才出现，与我国郑和船队的航海相比也要晚一百年左右，且他们的船队规模、船只大小和性能等，都远不及郑和船队。

✥✥ 蒸汽机船时代

18世纪蒸汽机发明后，蒸汽机驱动的船舶也应运而生，这使得船舶动力发生了革命性变化。1807年，美国人罗伯特·富尔顿首次在"克莱蒙脱"号船上用蒸汽机驱动装在两舷的明轮，在哈德逊河上航行成功。这标志着机械力开始代替自然力，船舶的发展进入新阶段。随着人类对船舶快速性的需求日益提高，1839年，第一艘装有螺旋桨推进器的蒸汽机船"阿基米德"号问世。螺旋桨由若干叶片组成，当其转动时，桨叶向后拨水，通过水流的反作用力推动船舶向前。这一推进器的构造简单，效率较高，且在不断实践过程中获得了不断的改善，因而被迅速推广。直至今日，螺旋桨仍然是船舶最主流的推进装置。我国自主研制的第一艘蒸汽机船是"黄鹄"号。"黄鹄"号于1865年由安庆制造局建造,船长约为18.83米,排水量为25吨,装有单缸蒸汽机,航速约为6节(1节＝1.852千米/时)。

❖❖ 柴油机船时代

随着工业化发展及石油能源的大量开发,20世纪初,柴油机被逐渐应用在船舶上。相比于蒸汽机,柴油机热效率高、能耗低,因而得到了广泛的应用。"东风"号远洋货船是中华人民共和国成立后,第一艘自行设计建造的万吨级远洋船。该船由江南造船厂建造,1965年交付使用。"东风"号船体采用了国产高强度低合金钢结构材料,主机采用中国自行设计制造的第一台8820匹船用重型低速柴油机。它的出现集中反映了当时中国船舶设计、制造水平及船舶配套生产能力,为中国大批量建造万吨以上大型船舶奠定了基础。

随着科技水平的进步,造船水平日益提高。建造高技术、高附加值船舶的能力成为造船大国向造船强国跨越的重要评判标准。液化天然气(liquified natural gas,LNG)船、航空母舰和大型豪华邮轮被誉为"造船业皇冠三大明珠",代表了造船工业的最高水平。2008年,中国船舶集团旗下的沪东中华造船(集团)有限公司建造交付了中国首艘国产大型LNG船"大鹏昊"号,成为"破局者"。其成功交付,填补了中国LNG船设计、建造的空白。在航空母舰和大型豪华邮轮方面,我国也依次取得重大突破。2019年12月17日,我国第一艘完全设计、自主建造、自主配套的国产航空母舰——"山东"舰在南海三亚某军港举行交付海军入列仪式,标志着中国正式掌握

了现代航空母舰建造技术。2023年11月4日,我国首艘国产大型邮轮"爱达·魔都"号于上海正式命名交付,我国成为可同时建造LNG船、航空母舰、大型邮轮的国家。此外,"数字化转型、智能化升级"是未来技术变革的重要趋势,船舶行业也迎来了转型升级,无人智能船舶成为新时代海洋装备科技与产业发展的重点方向。智能船舶的技术研发与应用,是航行更安全、海洋更清洁的必然要求,是航运业和船舶工业深度融合的集中体现,代表了航运发展的未来。实现船舶智能航行技术领先,才能成为智能航运技术强国。目前,各国已将智能船舶技术作为战略发展方向,智能船舶成为全球船舶领域的研究前沿和热点。

从木桨到巨轮,回顾船舶的历史,我们可以发现:船舶的进化之路也是一条工业生产和能源利用的发展之路。随着时代的发展,全球工业开始向信息化、智能化方向迈进。船舶领域也在不断寻求着技术创新和突破。从三大主流船舶(散货船、油船、集装箱船)、滚装船等传统船舶,到LNG船、航空母舰和大型豪华邮轮等高度专业化船舶,再到采用数字化、自动化升级的智能船舶及水下无人装备,我国已初步建立了现代化高水平的船舶工业体系,并在新兴技术的融合应用中"脱胎换骨"。中国船正在世界的瞩目中劈波斩浪、驶向深蓝。

➡➡ **海洋工程的发展之路**

海上平台也被称为"海洋中的陆地",是海洋工程中的重要组成部分。随着海洋开发与海洋空间利用的推进,人们愈发认识到海洋这个"蓝色宝库"的重要意义。海洋平台等多种形式的海洋结构物逐渐成为体现一个国家海洋开发利用能力的标志性装备。

❖❖❖ 海洋油气资源利用

作为海洋资源开发的工具,海上平台在海上油气勘探开发等方面发挥着重要作用。海底石油的开发可不是一项简单的工作。由于海洋环境的复杂性,海洋结构物设计和作业条件与陆上结构物有着很大的不同,其发展历程也呈现出从近岸到远海的特点。浅海区域的海洋平台可以通过坐底式的钢结构支架进行固定,深海区域则通过锚链及浮式结构保持其相对的平稳。

海底石油的勘探方法主要分为地震勘探、电磁勘探、重力勘探、磁力勘探四种方法。其中,地震勘探和电磁勘探是指分别用人造地震波和电磁波在地下岩石中传播的特性,通过仪器记录波的反射和折射情况,分析找到可能存在石油储层的地方;重力勘探是利用地球重力场的变化,探测地下岩石密度和厚度,从而分析可能的海底石油分布;磁力勘探与重力勘探原理类似,是利用地球磁场的变化,分析海底岩石磁性及性质,进而判断海底石油的可能分布。

我国海洋工程装备的发展历程可追溯到 20 世纪 60 年代。1964 年,我国建造了第一套海上浮筒式钻井平台,在南海钻探了我国海上第一口石油探井——"莺歌海海 1 井"。1966 年 12 月 2 日,我国第一座固定式海洋石油钻井平台"1 号平台"建成,并在渤海湾成功钻探了我国海上第一口深探井——"海 1 井"。这标志着我国海洋石油工业正式起步。

到 20 世纪 70 年代,人类在海洋大陆坡 200～2 000 米的

范围内发现了油气资源,此时导管架平台的作业水深已经难以满足开采需求。由于多年的勘探开采,近岸浅海区新增的油气田数量和规模均有所下降。我国为了加快向深海进军的步伐,深海浮式平台成为重点发展对象。其中,半潜式平台就是一种应用广泛的浮式结构,它集钻井、修井、生产等多种功能于一身。半潜式平台漂浮于水面通过锚链系泊于海底,在海洋环境载荷作用下,平台可围绕中心有较大偏移,因此能够有效降低风浪载荷,作业水深有明显提高。"海洋石油981"深海半潜式钻井平台于 2008 年 4 月 28 日开工建造,是我国首座自主设计、建造的第六代深海半潜式钻井平台。其最大作业水深为 3 000 米,钻井深度可达 10 000 米,能抵御 200 年一遇的台风。它的出现填补了我国在深海装备领域的空白,使我国跻身世界深海装备的领先水平。

随着海洋油气资源的进一步开发,人们发现:如果能够将钻井平台从一个海域移动到另一个海域,将会极大地节省相关工作的经济和时间成本。于是,活动式平台出现了。自升式平台就是一类常用的活动平台。自升式平台由平台船体、桩腿和升降机组成。当平台需要在不同井区进行移动时,可以通过水密船体和升降机的配合,将桩腿从海底拔出并收进船的底部,到达指定位置后再进行插桩。自升式平台既有固定平台的稳定性,也有浮式平台灵活的特点,而且施工简单,不用浮吊船,可节约施工费用,具有降本增效的优点。我国首个自主设计、建设的自升钻井平台是 CP-300 钻井平台,并于 2013 年正式投入使用。它的最大作业水深为 91.4 米,最大钻井作业深度为 9 000 米,一次就位可钻井 15 口。

2021年1月14日，我国自主研发建造的全球首座十万吨级，也是全球首座具备1 500米作业能力的深海半潜式生产储油平台——"深海一号"能源站在山东省烟台市交付启航。中国工程院院士周守为表示，如果说"海洋石油981"钻井平台代表了我们在深海钻井技术上跨上了一个新台阶，那么"深海一号"则代表了我们在深海油气开发领域又迈上了一个新台阶，代表着我们已经跻身世界深海油气开发阵营，在南海能够自主开发、建设深海油气田。

❖❖ 海洋生物资源利用

海洋生物也是海洋资源中重要的组成部分，根据2010年完成的"国际海洋生物普查计划"，全球已知海洋生物约有23万种，科学家估计实际超过200万种。每年可供人类所利用的鱼、虾、贝及海藻多达6亿吨。海产品提供蛋白质约占人类食用蛋白质总量的22%。而由于海洋生态环境的破坏和人类的过度捕捞，渔业的增长已主要依靠养殖。因此发展深远海养殖是一项为未来创造希望的事业。大规模深远海养殖技术是一项将海洋工程装备服务于深远海养殖的技术，实现了一种跨领域的发展。2018年5月4日，我国首座自主研制的大型全潜式深海智能渔业养殖装备"深蓝1号"在青岛建成交付。"深蓝1号"的启用将养殖战线向外推进了130海里，实现了我国在温暖海域养殖鲑鳟冷水鱼类的世界性突破。

❖❖ 海洋清洁能源利用

开发海洋，装备先行。除了油气资源外，其他海洋资源的开发也离不开相对应的海洋工程装备。例如，海洋丰富的风能与太阳能可以通过浮式风机及光伏电站等进行利用。海上

风电具有发电利用效率高、不占用土地资源、适宜大规模开发、风机水路运输方便、靠近沿海电力负荷中心等优势。海上光伏发电也是一种新的能源利用方式和资源开发模式,是将"光伏发电站"从陆地搬到了海上,因此具有水面开阔无遮挡、日照较长且利用充分等天然优势。除此之外,波浪能、潮汐能等清洁能源同样具有很高的开发潜力,海上清洁能源的开发与利用对保障能源安全、推进绿色低碳发展、实现"双碳"目标具有重要意义。

从近岸到深蓝,回顾海洋工程装备的历史,我们可以发现:海洋工程装备的进化之路也是一条人类对海洋资源更深远、更高效勘探开发的追求之路。随着陆地资源的短缺,海洋已经成为高科技竞争的重点领域。谁能掌握海洋资源开发的主动权,谁就能抢占未来竞争的制高点。加快海洋资源的开发和利用已成为世界各国经济发展的战略方向,也是经济可持续发展的迫切需要。古语有云:"工欲善其事,必先利其器",海洋工程装备的发展承载着综合开发利用海洋资源的重大使命。我国海洋工程装备制造业的起步虽然较晚,但经过不断地学习国外先进技术,推动自主化生产创新,已经在多项领域内实现了追赶,甚至超越。除了油气资源外,海洋工程装备也在深远海养殖、海上光伏电站、海上浮式风机、深海采矿等多个领域不断取得新突破。目前,我国海洋工程装备产业正在经历新一轮的技术创新和结构调整的窗口期,应抓住机遇,不断加强核心技术和创新研发,提高我国海洋工程装备的国产率,加速推动海洋产业现代化,进一步促进海洋工程装备制造业高质量发展。

▶▶ 船舶与海洋工程的意义

➡➡ 海洋运输与深海极地探索

海洋大约覆盖了地球表面的71％，连通了各个大陆，在保障国际物流供应链畅通、促进世界经贸发展中发挥着重要作用。海洋将世界连接得更紧密，海运已成为世界货物贸易发展无可替代的主要途径。因此，即使是在航空、铁路运输发达的今天，海运仍在全球贸易运输方式中占有举足轻重的地位。2021年，苏伊士运河曾发生重型货船搁浅造成航道堵塞事件，卡死了全球贸易"咽喉"。货船在运河中被困6天，造成超过300艘货轮被迫滞停。据美国消费者新闻与商业频道报道，此次堵船事故给全球贸易造成的经济损失达到每小时4亿美元，后续更是影响到了原油价格。

海运与其他运输方式相比，其主要优势体现在运输能力强、运输范围广和运输成本低三个方面。海运几乎可以运输所有种类、所有形态的货物，更是能够打破陆空运输对尺寸、质量等方面的限制，尤其是铁矿石、原油、煤炭等大宗货物。这些货物的交易量极大，以原油运输为例，一艘超大型油轮（very large crude carrier，VLCC）载质量能达到20万吨至30万吨，相当于200万桶原油的装运量。相比于其他运输方式，海运能够显著提高单航次运送的原油量，从而有效降低单位运输成本。因此世界贸易运输离不开海运，更离不开大型的远洋运输船。中国约95％的进出口贸易货物运输通过海运完成，港口规模、船员数量、造船产量等均位居世界前列。

浩瀚的海洋，拥有数不胜数的宝藏，驱动着人类孜孜不倦

地探索,其中,深邃的海底世界更是充满了神秘与未知。虽然地球上71%的部分都是海洋,世界超过60%的人口都居住在距离海岸线100千米的范围内,人类对于海洋的探索却少之又少。受水压、温度及盐度的影响,深海探索要比太空探索挑战更大。这也是为什么自人类第一次进入太空以来,已有500多人抵达了10万米以外的太空,却只有20余人成功探索1万米以下的深海。从科学角度看,探索深海能够帮助人类深入了解海洋的奥秘、地球的奥秘。它是气候长期变化的源头,揭示板块运动的规律、窥探地球内部的真相,都要追溯到海水深层。不仅如此,深海的油气、矿藏及生物基因资源更是极为重要的战略性资源。人类对大海深处的探索从未停止,随着科技的进步,海洋中蕴藏的宝藏正在逐渐被揭开神秘面纱。自古以来,人类就对海底世界有着强烈的好奇心。明朝《天工开物》中曾记载,古人采用屏气下潜的方式"没水采珠"。这种不靠任何设备的潜水方式能到30米深就很不容易,100米左右就是人体生理极限。伴随深海探测技术的发展,人类深入认识深海的时代正在来临。150多年前凡尔纳所写《海底两万里》中的科学幻想如今正在成为现实。

除深海外,地球的两极也是人类难以涉足的区域。地球的南北两极是"科学试验的圣地",也是世界经济可持续发展的资源宝库。极地具有得天独厚的区位特点和资源优势,蕴含丰富的油气和矿产等资源。同时,极地还具有丰富的淡水资源及生物资源。近年来,随着全球变暖、海冰消融和海平面上升等现象的出现,极地资源开发利用已进入实质性阶段,人类对极地的探索和环境考察也越来越频繁。极地在海洋强国战略中具有独特作用,极地强国建设是海洋强国建设的重要组成部分。极地船舶作为通航极地的最重要核心装备,为我国开展极地活动、维护极地权益提供支撑和保障。除了资源以外,极地海域提供的通航便利也是不可忽视的因素。对于我国而言,北极航道的开通能够使得我国与欧洲、北美等国家的海上贸易航程大幅缩短,有效降低航运的时间和经济成本。

目前,深海和极地关键技术与装备已列入"十四五"国家重点研发计划,深海、极地与外空、网络成为人类生存和可持续发展的全球战略新疆域。"雪龙探极""蛟龙探海",我们对风雪两极、深海大洋的探索从未停止脚步。随着科技的发展和进步,我国在深海和极地探索领域也会迎来更多的机遇和挑战,同时也必将取得更大的突破,为人类认识地球、探索未知领域作出更大的贡献。

➡➡ 海洋资源与国家海防安全

海洋是高质量发展战略要地,蕴藏着重要的战略资源,海洋经济已经成为新的全球经济增长点。除了运输和交流价值外,海洋还蕴藏了丰富的资源,是一个名副其实的"蓝色宝库"。海洋是数亿人所依赖的食物、能源和矿产的重要来源,对于人类的未来福祉和繁荣至关重要。海洋波浪能、潮汐能、温差能、盐差能等清洁能源虽然尚未成熟或实现商业化运作,但是从长期来看,发展潜力也相当可观,深海可燃冰更是潜力巨大的未来能源。

近年来,我国海洋产业体系逐步完善,海洋经济取得长足发展,综合实力不断提升。据统计,我国近海石油储量约为240亿吨,天然气储量近14万亿立方米,开发潜力巨大。我国海洋原油占全球原油产量的比重由2012年的21.4%提升到

2021年的27.6%。海上风电累计装机容量跃升至全球第一位。我国自主研发的兆瓦级潮流能发电机组连续运行时间保持世界领先。国家能源局发布数据显示,2023年国内原油产量达2.08亿吨,其中海洋原油产量突破6 200万吨,同比增产超340万吨,占全国原油增量比例达到70%左右;海洋天然气产量约为238亿立方米,新增产量为19亿立方米,约占全国天然气产量增量的15%,支撑海洋强国建设能力进一步增强。除了油气资源外,我国目前已探查出的滨海砂矿矿种几乎覆盖了黑色金属、有色金属、稀有金属和非金属等各类砂矿,总量大约为31亿吨。2017年2月13日,由中集集团旗下山东烟台中集来福士海洋工程有限公司建造的半潜式钻井平台"蓝鲸1号"(图1)成功命名交付。平台长为117米,宽为92.7米,高为118米,最大作业水深为3 658米,最大钻井深度为15 240米,是目前全球作业水深、钻井深度最深的半潜式

图1 半潜式钻井平台"蓝鲸1号"

钻井平台,适用于全球深海作业,代表了当今世界海洋钻井平台设计建造的最高水平,将我国深海油气勘探开发能力带入世界先进行列。"蓝鲸1号"成功在南海神狐海域实现了中国在可燃冰开采领域"零"的突破,自此,中国成为全球领先掌握可燃冰试采技术的国家。这一突破对于促进我国能源安全保障、优化能源结构具有里程碑意义。这些珍贵的海洋自然资源是国家强盛,可持续发展的重要基础。

我国是海洋大国,有1.8万千米的海岸线(不含岛屿海界),300多万平方千米的海域面积。如何坚决捍卫海洋权益,保障我国对领海的绝对主权,不容侵犯,提高国防实力,融入全球海洋联合公约体系,是当前迫切需要妥善处理解决的。维护海洋权益,建设海洋强国,是发展之要,是民生之需,关乎中华民族伟大复兴,关乎每个中华儿女的中国梦。海防基础设施建设作用不言而喻,船舶与海洋工程装备起着至关重要的作用。据悉,随着建设投入力度不断加大,我国已形成以提高信息化管边控海能力为核心,以边海防战备执勤与执法监管需求为牵引,与经济社会发展和国防建设相协调,加强统筹规划、突出建设重点,成体系、成规模的整体建设格局。

进入21世纪,中国的综合国力提升,与外国的贸易往来也日渐频繁,我国的经济发展与世界经济日益交融,对能源的需求越来越高,对海洋的通道平安要求越来越高,这也要求我国海军具备远洋护卫能力。亚丁湾护航、也门撤侨等突发事件体现我国面对远海护卫的卓越能力。辽宁舰、山东舰、福建舰陆续编入海军作战序列,新型万吨级驱逐舰首舰下水,新型舰载战斗机批量列装,意味着我国海上作战能力显著提高。

人民海军作为我国海上武装力量，作为战略性军种，是海上作战行动的主体力量，担负着保卫国家海上方向安全、领海主权和维护海洋权益的任务，在国家安全和发展全局中具有十分重要的地位。先进的海洋军事装备是建设世界一流海军的重要标志，是建设海洋强国的战略支撑，是实现中华民族伟大复兴中国梦的重要组成部分，彰显大国形象。

▶▶ 船舶与海洋工程的任务

船舶工程负责为海洋开发、海洋利用、海洋保护等活动提供装备和服务，对海洋经济发展及国防建设现代化具有重要意义。我国海域总面积约为473万平方千米，大陆海岸线长约为1.8万千米，是一个负陆面海、陆海兼备的大国。积极拓展海洋经济发展空间，坚持陆海统筹、人海和谐、合作共赢，协同推进海洋生态保护、海洋经济发展和海洋权益维护，加快建设海洋强国是我国"十四五"和"2035年远景目标"中明确提出的重要举措。这一切自然离不开船舶工业的创新和发展。船舶工业是为水上交通、海洋资源开发及国防建设提供技术装备的现代综合性和战略性产业，是国家发展高端装备制造业的重要组成部分，是国家实施海洋强国战略的基础和重要支撑。据中华人民共和国工业和信息化部最新数据统计，截至2023年，我国造船业三大指标（造船完工量、新接订单量、手持订单量）已连续14年位居世界第一，成为全球唯一一个三大指标实现全面增长的国家。虽然我国船舶工业目前正处于高速发展阶段，产业规模实现跨越式增长，国际地位显著提升，但仍有不少的矛盾和问题亟待解决。

我国在主流船舶方面已具备了自主设计能力，但在一些高技术、高附加值型船舶的设计和建造方面能力尚有不足，创新能力有待加强，配套产业发展滞后。未来船舶工程的发展任务要以夯实产业为根基，以技术创新为主线，切实提升设计水平和建造能力，不断推进自主化进程及智能化、信息化建设。加快实现我国船舶产业"由大到强"的转型。创新不仅是引领发展的第一动力，亦是人才教育和培养的主旋律。船舶领域发展的另一项重要任务便是从专业教育做起，深化基础学科研究，培养高水平高素质的创新型人才，从人才角度助力我国由"造船大国"向"造船强国"稳步迈进。船舶与海洋工程的莘莘学子，也应以此为己任，争作新时代乘风破浪中国船的掌舵人。

21世纪是海洋的世纪。人类所居住的蓝色星球是被海洋连接成了一个整体，海洋与人类的发展息息相关。随着科技、经济的发展，海洋工程发展当从全球的战略高度认识海洋，增强全民族的海洋观念，建设现代海洋产业体系。中国当以深度参与全球海洋治理为发展目标，提升国际海运竞争力，合力推动船舶与海洋工程装备制造业优化升级，构建新能源体系，构建和谐合作的海洋形势，构建世界海洋命运共同体。

纵横四海

经济强国必定是海洋强国、航运强国。

——习近平

▶▶ 水运概况

水运是一种以水面为主要交通通道,利用水路进行货物和人员运输的交通方式。水运包括内河航运和海洋航运两种形式,是世界上最古老、最重要的运输方式之一。水运具有运量大、成本低、能源消耗低、环境友好等特点,是全球贸易和物流中不可或缺的重要组成部分。

在世界范围内,水运在国际贸易和物流中发挥着重要作用。据统计,全球90%的货物贸易通过海洋航运进行,国际贸易的80%以上依赖于水运。随着全球化进程的不断加深,水运在国际贸易中的地位和作用将越来越重要。

水运的发展对于促进经济增长、改善交通状况、提高物流效率等方面具有重要意义。随着科技的不断进步和经济的不断发展,水运将进一步发挥其在全球物流体系中的重要作用,为世界各国和地区带来更多的机遇和挑战。

总之,水运作为一种古老而重要的运输方式,在世界经济和贸易中发挥着不可替代的作用。内河航运和沿海航运作为水运的两种形式,在连接世界各地、促进贸易往来、推动经济发展等方面发挥着至关重要的作用。随着全球化的深入发展和经济的不断增长,水运将继续发挥其在全球物流体系中的重要作用,为人类社会的发展进步作出更大的贡献。

➡➡ 内河航运现状及发展方向

内河航运是指在国内水系、内陆水体上进行的货物和旅客运输活动。内河航运是国内主要的水路运输方式之一,在很多国家拥有着悠久的历史和丰富的经验。内河航运的主要航道包括河流、湖泊和人工渠道等,是连接内陆地区和海洋的纽带,推动了经济的发展和交通的畅通。内河航运具有运距短、成本低、能源消耗低等特点,在一些国家和地区被广泛应用于货运、矿石运输、旅游等领域,成为当地经济的重要支柱。

内河航运是我国重要的交通运输方式之一,承担着大量的货物和旅客的运输任务。2022年我国内河水路完成货运量为76.7亿吨,同比增长4.5%,占全国水路货运量的99.6%;完成旅客运输量为1.9亿人次,同比增长8.2%,占全国水路旅客运输量的98.9%。内河航运在促进区域经济社会发展、服务国家战略实施、保障国家能源安全等方面发挥了重要作用。

随着国内经济总体回升,对煤炭、矿石、建材等大宗商品的运输需求构成稳定支撑;同时,生产和消费的逐步恢复,预

计将进一步提振集装箱运输需求。2025年全年内河水路货运量将达到80亿吨左右,同比增长4.3%;旅客运输量将达到2.1亿人次左右,同比增长10.5%。

其中,长江水系作为我国最大的内河航道之一,将继续保持稳定增长。数据显示,2025年全年长江水系完成水路货运量将达到64.5亿吨左右,同比增长4.6%;长江干线港口货物吞吐量将达到37.5亿吨左右,同比增长4.5%;三峡枢纽通过量将达到1.7亿吨左右,同比增长6.3%。集装箱铁水联运将继续保持较快增长态势,预计完成集装箱铁水联运量300万标准箱左右,同比增长20%。

珠江水系作为我国南方重要的内河航道之一,也将呈现恢复性增长。数据显示,2025年全年珠江水系完成水路货运量将达到14.5亿吨左右,同比增长4.3%;长洲枢纽过闸货运量将达到1.6亿吨左右,同比增长3.2%。珠江水系的集装箱运输将受益于粤港澳大湾区建设的推动,预计完成集装箱运输量2 500万标准箱左右,同比增长10%。

推进内河航运高质量发展,是深入贯彻习近平生态文明思想和新发展理念的重要举措,对国家加快推进运输结构调整,落实碳达峰、碳中和工作具有重要意义。交通运输部对内河航运高质量发展进行了总体部署,助力构建以国内大循环为主体、国内国际双循环相互促进的新发展格局。

未来,我国内河航运行业发展的方向主要包括以下几个方面。一是加快推进内河航道项目建设,提高内河高等级航道比例。二是加快推进内河港口项目的建设和整合,积极推进内河港口规模化、专业化、集约化港区建设。三是结合内河港口货物运输需求,加快内河港口疏港公路、铁路建设,提升内河港口的集疏运水平。四是充分发挥港航龙头企业的规模优势,扭转内河港航企业"小散弱"局面。五是优化内河航运服务系统,提升内河港口现代化管理与服务水平,以及绿色发展水平。

➡➡ 沿海航运现状及发展方向

随着全球贸易的快速发展,沿海航运作为物流运输方式的重要组成部分,发挥着越来越重要的作用。沿海航运是指在国内沿海和近海范围内进行的航运活动,包括海上运输、港口装卸、船舶修理等一系列服务。沿海航运在促进地区经济发展、实现贸易畅通、保障国家安全等方面发挥着不可替代的作用。

目前,我国沿海航运行业取得了长足的发展。我国沿海航运网络拓展完善,港口建设日益完善,装备水平不断提升,服务质量不断提高。根据国家统计局数据,2023年全国港口货物吞吐量突破170亿吨,比上年增长8.2%,港口货物吞吐量持续保持在世界第一的位置。沿海航运运力逐年增加,航线多元化,船舶类型多样化,满足了不同地区、不同行业的需求。

然而,我国沿海航运行业也面临着一些问题和挑战。一是港口拥堵问题突出。我国工业化进程加快、贸易活动频繁、货物吞吐量不断增加,一些主要港口如上海港、宁波港、广州港等经常出现拥堵现象,影响了货物装卸效率和运输效益。二是航运安全问题亟待加强。近年来,一些船舶事故频发,给人民生命财产造成了严重损失,显示出我国航运安全管理还

存在薄弱环节。三是船舶污染问题也比较突出,特别是近海区域船舶废水和尾气排放对海洋环境造成了污染。

为了解决这些问题,需要采取一系列措施来促进沿海航运的可持续发展。一是加强港口建设和管理。要合理规划港口布局,优化港口装卸设施,提高港口运营效率,减少拥堵现象的发生。二是加强船舶管理和监管。要完善船舶检验制度,加强船舶安全管理,提高船舶运输效率,降低船舶事故风险。三是加强环境保护。要制定严格的船舶排放标准,加强对船舶污染治理的监督和管理,减少船舶对海洋环境的破坏。

未来,我国沿海航运行业发展的方向主要包括以下几个方面。第一,要加快推进数字化转型。通过引入人工智能、大数据、云计算等新技术,提高航运服务的智能化水平,实现船舶货物信息实时监控、船舶定位追踪、船舶调度管理等功能,从而提高沿海航运的运输效率和运输安全性。第二,要加强国际合作。通过与邻近国家和地区加强沿海航运的合作,实现船舶航线的优化布局、港口设施的互联互通、货物通关的便利化,促进沿海航运的协同发展。第三,要加强人才培养。通过建立完善的航运人才培养体系,提高航运从业人员的专业水平和综合素质,培养一批具有国际竞争力的航运专业人才,为沿海航运的可持续发展提供人才支持。

➡➡ 远洋航运现状及发展方向

远洋航运是指在全球范围内,通过海洋进行的贸易运输活动,包括集装箱运输、散杂货运输、油品运输等多种类型。当前,远洋航运业在推动国际贸易、促进全球经济一体化、加强各国联系等方面发挥着作用。

然而，远洋航运业也面临着一系列挑战。首先，航运市场波动较大。受全球经济形势、政治因素、自然环境等多种因素的影响，航运市场供需关系波动，运价起伏不定，给航运企业带来了较大的经营压力。其次，航运业竞争激烈。随着航运技术的进步和船舶数量的增加，航运市场竞争日趋激烈，企业利润空间受到压缩。最后，航运业环保要求不断提高。国际海事组织（International Maritime Organization，IMO）等机构对船舶排放等环保要求越来越严格，航运企业投入更多资金进行环保设施升级和技术创新。

为应对这些挑战，远洋航运业需要采取一系列措施促进可持续发展。首先，加强航运企业间的合作。通过合并、收购、联盟等方式，实现资源整合，降低运营成本，提高市场竞争力。其次，优化航线网络布局。根据市场需求，合理规划航线，提高船舶满载率，降低运输成本。最后，加大环保投入。积极响应国际海事组织等机构的环保要求，采用清洁能源、降低排放、提高能效等技术手段，实现航运业的绿色发展。

展望未来，远洋航运业发展将呈现以下趋势。首先，航运业将更加智能化。通过运用大数据、人工智能、物联网等先进技术，实现船舶运行的实时监控、智能调度、故障预测等功能，提高运输效率和安全性。其次，绿色航运将成为发展趋势。随着环保要求的不断提高，绿色航运技术将得到广泛应用，如船舶尾气净化、替代能源、能效优化等。最后，多式联运将得到进一步发展。通过整合海洋、陆地、空中等多种运输方式，实现全球物流网络的高效连接，提高货物运输速度和降低成本。

综上所述，海洋航运业在全球经济社会发展中具有重要

地位。面临市场波动、竞争激烈和环保要求等挑战，海洋航运业需要加强合作、优化航线网络、加大环保投入等措施促进可持续发展。未来，海洋航运业将呈现智能化、绿色化、多式联运等发展趋势。相信在各国政府、企业和社会各界的共同努力下，海洋航运业必将迎来更加美好的明天。

▶▶ 海上丝绸之路

海上丝绸之路作为古代中国与西方世界进行贸易和文化交流的重要通道，对促进地区和全球的经济发展与繁荣起到了积极的推动作用。船舶作为海上丝绸之路上的主要交通工具，对这条贸易路线的运行起到了至关重要的支撑作用。从以下几个方面详细阐述船舶在海上丝绸之路中的重要作用。

第一，船舶是海上丝绸之路的重要运输工具。在古代，由于陆路交通条件的限制，海上丝绸之路成为连接东西方的最佳通道。船舶携带大量的货物，如丝绸、茶叶、瓷器等中国的特产，以及香料、珍宝、药材等外国的商品，往返于中国和西方国家之间，为丝绸之路的贸易往来提供了重要的物流支持。

第二，船舶促进了海上丝绸之路的文化交流。在古代，船舶不仅承载着商品，也承载着文化和知识。通过船舶，中国的文化、科技、艺术等传入西方，同时也带回了西方的文化元素，为东西方的文化交流和融合提供了重要的平台。这种文化交流对于推动人类文明的发展和进步起到了积极的作用。

第三，船舶保障了海上丝绸之路的安全与畅通。古代的船舶虽然条件简陋，但却是当时最先进的交通工具。船员们凭借着高超的航海技术和勇敢的探险精神，克服了风浪、海盗等困难,保障了丝绸之路的安全与畅通。他们的努力为东西方的贸易往来提供了重要的安全保障。

第四,船舶促进了海上丝绸之路的港口城市的发展。港口城市作为船舶的停靠地和贸易的中转站,随着丝绸之路的繁荣而发展壮大。例如,中国的广州、泉州等港口城市,因其地理位置优越,成为当时世界上最繁忙的贸易港口,吸引了大量的商人和船只。这些港口城市的繁荣,又进一步推动了丝绸之路的贸易发展。

总之,船舶在海上丝绸之路上发挥了不可或缺的重要作用。它不仅为东西方的贸易往来提供了重要的物流支持,也促进了文化交流和安全保障,同时也推动了港口城市的发展和繁荣。可以说,没有船舶,就没有海上丝绸之路的繁荣和发展。

➡➡ 古代海上丝绸之路的船型

古代海上丝绸之路的船型丰富多样,在不同时期和不同地区有着不同的选择和演变。以下是古代海上丝绸之路的主要船型。

帆船:帆船是古代海上丝绸之路的主要船型之一,也是最早使用的船型之一。帆船主要依靠风力推动,可以在不同风向和风力条件下灵活调整帆面,以达到最佳航行效果。帆船通常体型较小,适合短途航行和近距离贸易。

沙船:沙船是中国古代一种具有特色的船型,主要分布在中国沿海地区。沙船结构坚固,具有良好的抗风浪性能,适合远洋航行和长途贸易。沙船通常体型较大,具有双层船舱和

较大的载货量,是古代海上丝绸之路的重要运输工具之一。

福船:福船是中国古代的一种大型战舰,具有较高的航海性能和战斗力。福船通常体型庞大,适合远洋航行和海上作战。在海上丝绸之路的历史上,福船也曾经被用于运输货物和充当货船的角色。

宝船:宝船是古代海上丝绸之路中最为豪华的船型之一,通常用于承载贵重货物和进行外交访问。宝船通常体型巨大,具有精美的装饰和华丽的船舱,是当时世界上最先进的海船之一。

商船:除了上述几种具有特殊性能的船型外,古代海上丝绸之路中还有许多其他的商船类型,如海商、江海商等。这些商船根据不同的需要和特点,在不同的航线、不同地区和不同时期中发挥着重要的作用。

总之,古代海上丝绸之路的船型多样,不同的船型在不同的时期和地区有着不同的应用和发展。这些船型在海上丝绸之路的贸易和文化交流中发挥了重要的作用,为东西方之间的交流和繁荣作出了贡献。

➡➡ "一带一路"倡议下的航运选择

"一带一路"倡议是中国提出的一项重大国际合作计划,旨在加强共建国家之间的经济联系和合作,推动共同发展。在"一带一路"倡议中,航运扮演着至关重要的角色,为贸易往来、文化交流和投资合作提供重要支撑。本部分将详细探讨"一带一路"倡议下的航运选择,包括海洋运输、内河航运、铁路运输和多式联运等,并分析不同运输方式的优势和挑战。

✤✤ 海洋运输

海洋运输是"一带一路"倡议中最重要的运输方式之一。"一带一路"共建国家众多，海洋运输可以连接这些国家，促进贸易和经济发展。海洋运输通常是最经济实惠的运输方式，特别是在长途运输中。海洋运输具有以下优势和挑战。

（1）优势

运输成本低：海洋运输的载货量大，成本相对较低，可以降低贸易成本，提高经济效益。

运输距离长：海洋运输可以覆盖长距离的运输，适合"一带一路"共建国家的贸易往来。

运输能力强：海洋运输可以承载大量的货物，满足大规模贸易需求。

（2）挑战

速度慢：相比空运和其他运输方式，海洋运输的速度较慢，不适合急需物资的运输。

天气和海况影响：海洋运输受到天气和海况的影响较大，可能会导致运输延误或中断。

航运安全问题：海洋运输存在一定的安全风险，如海盗袭击、船舶事故等，需要加强安全管理。

✤✤ 内河航运

内河航运是另一种重要的航运方式，特别是在河流沿岸的国家。内河航运可以实现高效、环保的航运方式。内河航运具有以下优势和挑战。

(1)优势

运输成本低:内河航运的运输成本相对较低,可以降低贸易成本,提高经济效益。

环境友好:内河航运相比公路运输和航空运输,能源消耗和碳排放较低,对环境影响较小。

连接内陆地区:内河航运可以连接内陆地区,促进内陆与沿海地区的贸易往来。

(2)挑战

航道的限制:内河航运受到航道的限制,运输能力有限,不适合大规模贸易需求。

季节性影响:内河航运受到季节性的影响,如洪水、枯水期等,可能会影响航运的稳定性。

基础设施不足:一些内河航运基础设施如港口、航道等需要进一步建设和改善。

❖❖ **铁路运输**

铁路运输是另一种重要的运输方式,特别是在陆地上连接不同国家。铁路运输具有以下优势和挑战。

(1)优势

运输速度快:铁路运输的速度较快,可以实现快速物资运输,满足紧急需求。

运输距离适中:铁路运输适合覆盖适中的运输距离,可以连接国内外的重点城市和产区。

运输能力较大：铁路运输的载货量相对较大，可以承载较多的货物。

（2）挑战

运输成本高：铁路运输的成本相对较高，尤其是在跨国运输中，可能会增加贸易成本。

基础设施投资大：铁路运输需要大量的基础设施投资，包括铁路线路、车站等。

铁路网络不完善：一些国家的铁路网络不完善，可能会限制铁路运输的发展和应用。

❖❖ 多式联运

多式联运是一种综合利用各种运输方式，实现高效、环保的运输方式。在"一带一路"倡议中，多式联运可以充分利用不同运输方式的优势，提高运输效率和效益。多式联运具有以下优势和挑战。

（1）优势

运输效率高：多式联运可以充分利用不同运输方式的优势，实现快速、高效的运输。

运输成本低：多式联运可以优化运输路线和方式，降低运输成本，提高经济效益。

环境影响小：多式联运可以减少长途运输带来的环境影响，实现绿色运输。

（2）挑战

运输协调难度大：多式联运涉及多种运输方式，需要加强

不同运输方式之间的协调和配合。

运输安全风险：多式联运运输环节较多，可能存在安全风险，需要加强安全管理。

运输成本较高：多式联运的运输成本相对较高，需要合理规划和控制成本。

综上所述，"一带一路"倡议下的航运方式应该根据实际情况和需求进行选择，并考虑到经济、环保、安全等因素。同时，应该加强国际合作，共同推动航运可持续发展。

▶▶ 传统船舶

➜➜ 油船

油船(图2)是国家石油运输的重要工具，是国家经济发展的命脉之一。油船承载着重要的能源资源，为国家提供了必要的石油运输服务，保障了国家石油供应安全，推动了国家经济的持续发展。本部分将就油船对于国家发展的重要性进行论述。

✥✥✥ 油船是国家石油运输的重要工具

油船是国家石油运输的主要工具之一，是将石油从生产地运输到消费地的重要交通工具。随着全球经济的发展和城市化进程的加快，国家对石油需求量逐渐增加，石油运输变得尤为重要。而且，由于石油的供需关系十分紧张，石油的贮备和调运尤为关键。油船的运输效率高、运力大，可以承载大量的石油，能够快速、安全地将石油从生产地运输到消费地，满足国家石油需求。

图 2　油船

❖❖ 油船是国家经济发展的重要命脉

油船在国家经济发展中扮演着重要的角色,其重要性不言而喻。第一,油船为国家提供了大量的就业机会,吸引了大量的劳动力参与石油运输工作,推动了当地的经济发展。第二,油船的运输服务保障了国家的能源安全,确保了国家经济的可持续发展。第三,油船运输的高效性和快速性,促进了石油市场的稳定发展,为经济增长提供了动力。第四,油船的存在使得国家能够与国际市场保持联系,获取最新的石油市场信息,拓展国际合作,促进国家经济的国际化发展。

❖❖ 油船对于国家能源安全的重要性

油船是国家能源安全的关键因素之一。石油作为国家最主要的能源资源之一,对国家的发展起着至关重要的作用。而油船作为石油运输的主要工具,负责将石油从生产地运输到消费地,对国家石油供应的稳定性和可靠性起着决定性的作用。如果缺乏油船运输,石油无法顺利运输到需要的地方,

将会影响国家的能源供应,引发能源危机。因此,油船的重要性不言而喻,它是保障国家能源安全的重要工具。

❖❖ 油船对国家经济的推动作用

油船运输以其高效、便捷的特点,不仅推动了国家石油市场的发展,还为国家经济的发展提供了有力支持。第一,油船的运输服务提高了国家石油的有效利用率和对外依赖程度,降低了石油消费的成本,提高了我国的经济效益。第二,油船运输带动了相关产业的发展,如船舶制造、航运、石油加工等行业,促进了国家就业和经济增长。第三,油船的存在使国家能够与国际市场保持联系,发展石油贸易,促进国家经济的国际化。第四,油船运输使得国家能够更好地利用石油资源,满足国家发展的需要,促进了国家经济的可持续发展。

总而言之,油船是国家发展的重要命脉,对国家经济发展、能源安全、国际合作等方面都起着至关重要的作用。因此,国家应当高度重视油船的发展与管理,加大监管力度,提高安全性和效率,确保油船在国家经济发展中发挥更大的作用。同时,国家还应加大对油船行业的政策支持和投入,促进油船行业的健康发展,为国家经济发展提供更有力的支撑。

➡➡ 集装箱船

集装箱船(图3)是当今世界海运业的主要运输工具之一,也是全球海上贸易的主要运输方式。随着全球化进程的加快,集装箱船在世界各国的经济发展和人民生活中发挥着越来越重要的作用。本部分将探讨集装箱船对衣食住行的影响,阐述其在贸易、城市发展、生活方式等方面的重要性。

图 3　集装箱船

❖❖ **集装箱船在贸易领域的作用**

促进国际贸易发展：集装箱船是全球贸易的主要运输方式，为国际贸易的发展提供了便利。通过集装箱船，商品可以快速、安全地运输到全球各地，促进了各国之间的贸易往来，扩大了市场规模，提高了贸易的效率。集装箱船的运输速度快，运力大，可以满足不同国家和地区的贸易需求，促进了全球化贸易的发展。

降低运输成本：集装箱船的运输成本相对较低，可以大量承载货物，提高了海上货运的效率，降低了运输成本。通过集装箱船，商品可以实现大规模批量运输，实现规模经济效益，为商品的生产和销售带来了更多的机会和空间，降低了商品的价格，提高了消费者的福利水平。

促进国际分工与合作：集装箱船的运输网络覆盖全球各地，为不同国家和地区的生产要素提供了便捷的互联互通平台。通过集装箱船，各国可以更好地进行国际分工与合作，实

现资源的优化配置,提升产业竞争力,促进经济的全球性合作与发展。

❖❖ 集装箱船在城市发展中的作用

促进城市贸易和物流发展:集装箱船是连接城市与世界各地的纽带,为城市的贸易和物流提供了重要支撑。通过集装箱船,城市可以便捷地进行货物的进出口贸易,打开市场,拓展商机,推动城市贸易和物流业的发展。

促进城市产业和经济发展:集装箱船的运输网络为城市产业的发展提供了有力支持。通过集装箱船,城市可以更好地进行国际的合作与交流,引进外资、技术和市场,促进产业的转型升级,推动城市的经济发展。

丰富城市居民生活:集装箱船带来的商品和文化交流丰富了城市居民的生活。通过集装箱船,城市居民可以享受到各式各样的商品和服务,拓展了生活的多样性,丰富了居民的文化体验。

❖❖ 集装箱船在生活方式中的作用

丰富消费品种和提升品质:集装箱船运载的商品种类繁多,为人们提供了更多元化的选择。通过集装箱船,人们可以享受到全球各地的优质商品和服务,提升了生活品质,满足了不同消费者的个性化需求。

提供便捷的生活方式:集装箱船的高效运输网络为人们的生活提供了便捷服务。通过集装箱船,人们可以方便地购买到来自世界各地的商品,实现快速、便捷的物资流通,提高了生活的便利性和舒适度。

推动生活方式的升级：集装箱船的发展促进了全球文化和经济的交流，为人们提供了更多元化的生活体验和选择。通过集装箱船，人们可以更好地了解和体验不同国家和地区的文化，拓宽了视野，丰富了生活方式，推动了生活方式的升级。

综上所述，集装箱船在当今社会中对衣食住行产生了深远的影响，其在贸易、城市发展、生活方式等方面发挥着重要作用。随着全球化进程的不断加速，集装箱船将继续在推动全球经济的发展、促进城市繁荣和改善人们生活水平等方面发挥更加重要的作用。因此，应该充分重视集装箱船的发展，加强航运产业的规划和建设，进一步提升集装箱船在社会发展中的地位和影响力。

➡➡ **散货船**

散货船（图4）是一种专门用于运输不加包扎的货物的商船，它们可以运输如煤炭、矿石、木材、谷物等大宗干散货物。

图4 散货船

与集装箱船不同,散货船不需要将货物进行包装,因此它们通常用于运输那些能够直接装载到船上的散装材料。

❖❖ 散货船的特点

容量大:散货船通常具有较大的载货空间,能够承载大量的散装货物,从数千吨到数十万吨不等。

结构特殊:为了适应散货的装载和卸载,散货船通常设计有特殊的舱室结构和装载设备,如货舱门口的倾斜板和舱内支柱。

适应性强:散货船能够运输各种类型的散货,包括谷物、煤炭、矿砂、盐、水泥等,具有很强的适应性。

安全性要求高:由于散货船运输的货物多为大宗物资,其安全性要求相对较高,需要遵守严格的国际规定和标准。

❖❖ 散货船的类型

杂货船:这种类型的散货船主要用于运输各种不需要包装的货物,如煤炭、矿石、钢材等。

散装谷物船:专门设计用于运输谷物的散货船,通常具有特殊的货舱结构以适应谷物的装载和卸载。

矿砂船:用于运输铁矿石、锰矿石等矿砂的散货船,通常具有较大的载质量。

❖❖ 散货船的重要性

散货船在全球贸易中扮演着至关重要的角色,特别是在能源、矿产和农产品等大宗商品的运输中。它们的存在确保了这些商品能够有效地从生产地运输到消费地,支撑了全球经济的发展。此外,散货船的运输效率和成本也直接影响了世界市场的供需关系和价格波动。

✥✥ 散货船的发展趋势

随着全球化的深入发展,散货船的规模和数量也在不断增长。现代散货船越来越注重能效和环保,新型散货船的设计更加注重减少燃油消耗和排放,以符合国际海事组织的环保规定。同时,随着国际贸易模式的变化,散货船的航线和运输任务也在不断调整,以适应市场的需求。

➡➡ 客滚船

随着我国经济的快速发展和人民生活水平的不断提高,旅游业已成为国民经济的支柱产业之一。沿海拥有得天独厚的自然风光和旅游资源,客滚船(图5)作为沿海旅游业的重要交通工具,对于推动沿海旅游业的发展具有举足轻重的作用。本部分将从多个方面探讨客滚船在发展沿海旅游业中的重要性。

图5　客滚船

❖❖ 客滚船的特点

船舶类型多样：客滚船包括普通客滚船、豪华客滚船、高速客滚船等，能够满足不同旅客的需求。

运输效率高：客滚船具有较高的运输速度，能够快速地将旅客从出发地运输到目的地，节省了旅行时间。

安全性强：客滚船的设计和建造符合国际海事组织的安全规定，配备了先进的导航和通信设备，确保了航行安全。

舒适度好：客滚船的舱内设施齐全，提供了舒适的乘坐环境，如客房、餐厅、娱乐设施等。

❖❖ 客滚船在沿海旅游业中的重要性

促进沿海地区经济发展：客滚船作为沿海旅游业的重要交通工具，带动了沿海地区的旅游业、餐饮业、酒店业等相关产业的发展，促进了地区经济的繁荣。

拓展旅游市场：客滚船将游客从内陆地区运输到沿海地区，扩大了沿海旅游市场的客源，提高了旅游业的整体竞争力。

丰富旅游产品：客滚船提供了海上旅游、岛屿旅游等多种旅游产品，满足了游客多样化、个性化的旅游需求。

提升旅游体验：客滚船的舒适度和高速性提升了游客的旅游体验，使游客能够更加便捷地享受沿海风光和旅游资源。

❖❖ 客滚船的发展趋势

绿色环保：随着环保意识的提升，客滚船将更加注重绿色环保，采用新型动力系统和节能技术，降低对环境的影响。

智能化：客滚船将借助现代科技，实现智能化运营，如自动化导航、智能化的船舶管理等。

个性化服务：客滚船将根据游客的需求，提供更加个性化的服务，如定制旅游线路、特色餐饮等。

总之，客滚船作为发展沿海旅游业的主体，对于推动沿海地区的旅游业发展具有不可替代的作用。政府和相关部门应加大对客滚船产业的支持力度，优化客滚船的运输服务，提升客滚船的运输效率和安全性，促进沿海旅游业的持续健康发展。同时，客滚船行业也应不断创新，提升服务质量，满足游客的多样化需求，为沿海旅游业的繁荣发展贡献力量。

▶▶ 高技术船舶

➡➡ LNG 船

LNG 船（图 6）作为工业界的明珠，是液化天然气运输的主要工具，也被称为工业皇冠上的明珠之一。随着全球天然气需求不断增长，LNG 船的重要性日益凸显。本部分将从 LNG 船的发展历程、技术特点、经济影响等方面详细探讨其在工业领域的重要地位。

✦✦ LNG 船的发展历程

LNG 船的起源可以追溯到 20 世纪 50 年代初，当时开始使用集装箱船运输液化天然气。随着液化天然气的市场规模逐渐扩大，对 LNG 船运输的需求也日益增长。1964 年，世界上第一艘现代 LNG 船"Methane Pioneer"应用了新的设计理

图 6 　LNG 船

念，开创了 LNG 船的新时代。自此之后，LNG 船不断发展和完善，成为液化天然气运输的主要工具。

❖❖❖ LNG 船的技术特点

船体设计先进：LNG 船的船体设计采用全封闭的双壳结构，具有良好的绝热性能和耐压能力，确保液化天然气在船舶运输过程中处于安全状态。

高效节能：LNG 船配备了先进的船舶动力系统和节能技术，如 LNG 双燃料引擎、能效设计等，提高了船舶运输效率，降低了运输成本。

燃气处理系统完善：LNG 船配备了完善的液化天然气处理系统，能够将液化天然气从液态状态转换为气态状态，满足不同用气需求。

系统安全可靠：LNG 船的系统采用多重安全措施，如船体双壳设计、自动化控制系统等，确保船舶运输的安全可靠。

✥✥ LNG 船的经济影响

促进经济增长：LNG 船的运输服务刺激了能源领域的经济增长，增加了就业机会，拉动了相关产业的发展。

提升国家收入：LNG 船作为国际液化天然气贸易的主要运输工具，为国家带来了丰厚的外汇收入，促进了贸易的发展。

促进区域合作：LNG 船的运输服务促进了各国和地区之间的天然气合作与交流，在促进经济增长的同时，增进了各国之间的合作关系。

✥✥ LNG 船在工业领域的重要性

推动天然气贸易发展：LNG 船作为运输工具，促进了全球液化天然气贸易的发展，推动了天然气市场的全球化和国际合作。

保障天然气供应链畅通：LNG 船沿海定点供货，保障了天然气供应链的畅通和稳定，满足了各地区对天然气的需求。

促进能源结构转型：LNG 船的存在促进了天然气在能源结构中的地位提升，推动了传统燃煤、石油等能源向清洁天然气的过渡。

提高工业竞争力：LNG 船的运输效率高、运输成本低，提高了国家和企业的工业竞争力，促进了工业领域的健康发展。

综上所述，LNG 船作为工业领域的明珠，在推动天然气

贸易、保障能源供应、提高经济竞争力等方面发挥着重要作用。为了进一步发挥其作用，国家应加强对 LNG 船产业的支持和管理，不断提升技术水平，促进 LNG 船业的可持续发展，为工业领域的发展注入动力。

➡➡ 豪华邮轮

豪华邮轮(图 7)作为工业皇冠上的明珠之一，是旅游业的重要组成部分。本部分将从豪华邮轮的发展历程、技术特点、经济影响等方面详细探讨其在工业领域的重要地位。

图 7　豪华邮轮

✥✥ 豪华邮轮的发展历程

豪华邮轮的起源可以追溯到 19 世纪中叶，当时游轮旅游开始兴起。随着旅游业的快速发展，豪华邮轮逐渐成为一种高端旅游方式，吸引了越来越多的游客。自 20 世纪 80 年代以来,豪华邮轮行业得到了迅速发展,游轮的规模和设施不断升级,成为旅游业的一颗璀璨明珠。

✦✦ 豪华邮轮的技术特点

设施齐全:豪华邮轮内部设施齐全,包括各种娱乐设施、餐厅、客房、健身房、游泳池等,能够满足游客的不同需求。

安全性高:豪华邮轮采用先进的船舶设计和安全措施,如防撞设施、消防设施、自动救生设备等,确保游客的安全。

舒适度高:豪华邮轮提供了舒适的居住环境和高质量的服务,让游客在旅行中感受到家的温馨。

环保节能:豪华邮轮注重环保和节能,采用新型动力系统和节能技术,降低对环境的影响。

✦✦ 豪华邮轮的经济影响

增加外汇收入:豪华邮轮的旅游收入为国家和企业带来了丰厚的外汇收入,促进了国际贸易的发展。

促进地区经济发展:豪华邮轮的旅游目的地通常是一些经济发达的地区,豪华邮轮的发展为当地创造了大量的就业机会,促进了地区经济的发展。

✦✦ 豪华邮轮在工业领域的重要性

推动旅游业发展:豪华邮轮作为旅游业的重要组成部分,为旅游业的发展注入了新的活力,促进了旅游业的繁荣。

带动相关产业的发展:豪华邮轮的旅游产业链较长,包括船舶制造、港口运营、旅游服务、餐饮娱乐等多个领域。豪华邮轮的发展带动了相关产业的发展,创造了大量的就业机会。

促进国际交流与合作：豪华邮轮为各国游客提供了交流的平台，促进了国际的文化交流和合作。同时，豪华邮轮也为各国企业提供了合作的机会，推动了国际的经济合作。

提高生活质量：豪华邮轮为人们提供了高品质的旅游体验，让人们能够在旅途中放松身心，提高生活质量。

综上所述，豪华邮轮作为工业皇冠上的明珠之一，在推动旅游业发展、带动相关产业、促进国际交流与合作等方面发挥着重要作用。为了进一步发挥其作用，国家应加强对豪华邮轮产业的支持和管理，不断提升技术水平和服务质量，促进豪华邮轮业的可持续发展，为工业领域的发展注入动力。同时，豪华邮轮企业也应不断创新，提升品牌竞争力，满足游客的多样化需求，为旅游业的发展贡献力量。

➡➡ 千奇百怪的运输船

✧✧ 牲畜运输船

牲畜运输船是指专门用于运输动物的船舶，旨在确保动物在运输过程中的安全和健康。随着人们对动物福利的关注日益加强，牲畜运输船在国内外得到了越来越多的关注和应用。本部分将探讨牲畜运输船的发展、特点和应用。

牲畜运输船的发展

牲畜运输船（图8）的发展可以追溯到20世纪初，当时一些国家已经开始探索将动物用于运输和贸易。然而，当时缺乏相应的法律法规和技术标准，导致动物在运输过程中遭受了极大的痛苦和伤害。随着人们对动物福利的关注和法律法规的完善，牲畜运输船得到了越来越多的重视和应用。目前，一些国家已经建立了专门的机构和法规,以确保动物在运输过程中的安全和健康。

图 8　牲畜运输船

牲畜运输船的特点

- 船舶设计专门针对动物运输,具有足够的空间和设施,以确保动物的舒适度和健康。

- 船舶配备了专业的动物护理人员和医疗设备,以确保动物的健康和安全。

- 船舶采用先进的物流技术和智能化管理系统,以确保运输过程的透明度和可追溯性。

- 船舶的运营和管理符合国际标准和法规,确保动物的福利和权益。

牲畜运输船的应用

牲畜运输船的应用非常广泛,包括宠物、动物园、农场、科研机构等领域的动物运输。在宠物领域,由于人们对宠物的需求不断增加,宠物贸易和运输量也在逐年增长。因此,牲畜运输船在宠物领域的应用越来越广泛。此外,在农场和科研机构等领域,牲畜运输船也得到了越来越多的应用,以保障动物的健康和福利。

❖❖ 果汁运输船

果汁运输船是专门用于运输果汁的船舶,旨在确保果汁在运输过程中的安全和品质。随着果汁市场的不断扩大,果汁运输船在国内外得到了越来越多的关注和应用。本部分将探讨果汁运输船的发展、特点和应用。

果汁运输船的发展

果汁运输船的发展可以追溯到20世纪初,当时果汁市场还处于起步阶段,运输方式主要以陆路运输为主。随着果汁市场的不断扩大和技术的进步,果汁运输船逐渐得到了广泛应用。目前,果汁运输船已经成为果汁行业的重要运输工具之一,为果汁生产和销售企业提供了便捷、高效、安全的运输服务。

果汁运输船的特点

• 船舶设计专门针对果汁运输,具有足够的容量和保鲜设施,以确保果汁的品质和安全。

• 船舶配备了专业的果汁储存和运输设备,以及杀菌和冷却系统,以确保果汁的卫生和质量。

- 船舶采用先进的物流技术和智能化管理系统,以确保运输过程的透明度和可追溯性。

- 船舶的运营和管理符合国际标准和法规,确保果汁的品质和安全。

果汁运输船的应用

果汁运输船的应用非常广泛,包括果汁生产企业、批发商、零售商等领域的货物运输。在果汁生产企业中,果汁运输船是不可或缺的运输工具之一,因为它们能够快速地将果汁从生产地运送到销售市场,确保产品的新鲜度和品质。此外,果汁运输船在批发商和零售商等领域也得到了越来越多的应用,以支持销售网络的扩展和货物的快速周转。

纸浆运输船

纸浆运输船是一种专门用于运输纸浆的船舶,对纸浆的运输提出了较高的要求。本部分将探讨纸浆运输船的发展、特点和应用。

纸浆运输船的发展

纸浆运输船的发展可以追溯到20世纪初,当时随着纸浆生产技术的进步和纸浆市场的扩大,纸浆运输船逐渐得到了广泛应用。在过去的几十年里,纸浆运输船经历了从传统船舶到现代专业纸浆运输船的演变,其设计和功能不断优化,以满足纸浆运输的高要求。

纸浆运输船的特点

- 船舶设计专门针对纸浆运输,具有良好的防水和防腐

蚀性能，以保护纸浆的品质。

• 船舶具有较大的货舱容量，以满足纸浆的大批量运输需求。

• 船舶配备了专业的纸浆装卸设备，如输送带、泵等，以确保纸浆的快速、高效装卸。

• 船舶采用先进的导航和通信设备，以确保航行安全。

纸浆运输船的应用

纸浆运输船的应用非常广泛，主要涉及纸浆生产、造纸、印刷等行业的货物运输。在纸浆生产领域，纸浆运输船将纸浆从生产地运输到造纸厂或分销中心，确保纸浆的供应稳定。在造纸和印刷领域，纸浆运输船将纸浆运输到造纸或生产线，为生产提供必要的原料。

探索海洋：助力海洋科考

> 我国老一辈海洋科学家提出的"查清中国海、进军三大洋、登上南极洲"的目标现在已基本实现，我们新的口号应该是"监控中国海、深入五大洋、共治南北极"。
>
> ——陈大可

海洋的辽阔无垠与深邃神秘，时刻唤醒着我们探索的欲望。就像探索太空一样，人类走进大海深处的每一步，都耗费了无数人的心血。看似熟悉的海洋其实并没有我们想象得简单，到现在，我们对它的了解仍然非常有限。汹涌的浪涛下，是无数与危险并存的资源宝藏，深海环境造就了数不清的资源奇迹，也诞生了数不清的技术难题。深海与陆地的环境差异巨大，如果没有深海高科技装备的加持，人类进军深海简直是异想天开。黑暗、寒冷、极压，深海的极限环境阻碍了人们探索海洋的脚步。下面，就让我们看看，我们中国的科学家如何应对这些难题，探索海洋。

▶▶ 极地科考技术与装备

极地科考是人类共同的事业,中国极地科考是人类认识与和平利用极地事业的重要组成部分,是建设人类命运共同体的伟大实践之一。极地地区,是这个地球上最为神秘和遥远的角落,长久以来吸引着无数科学家和探险家的目光。挪威极地探险家罗阿尔德·阿蒙森曾说过:"南极洲是地球上最接近神秘之地的地方。那里是寒冷、无人踪迹,但也是壮丽而美丽的。"而极地科考,即对两极地区的科学研究考察,是一场对未知世界充满挑战的科学之旅。极地科考的主要内容包括气候变化研究、生物多样性研究、环境监测、地质和地球物理研究、海洋学,以及人文和社会科学研究等。在这一工程中,需要无数技术与装备的加持,下面让我们来了解一下在极地科考中发挥巨大作用的一项技术与一个装备。

➡➡ 极地科考——破冰技术总览

破冰技术是突破冰封世界的利器,对于极地科学研究和资源开发具有重要意义。它是指利用各种手段和设备,突破冰层障碍,实现船舶、飞机等交通工具在冰封水域和冰盖上安全航行的技术。全球气候变暖导致北冰洋冰川融化加剧,北冰洋的冰域面积不断缩小,这使得北极航道的通航成为可能。北极航道的开通意味着全球航运格局将发生巨大变化。在这个大背景下,破冰技术日益受到关注,成为极地科学研究和资源开发的重要支撑。

破冰技术主要包括机械破冰、热力破冰和化学破冰等几种方式。

机械破冰是利用破冰船、破冰飞机等交通工具自身的质量和力量,通过碰撞、挤压和切割等方式破碎冰层。热力破冰是利用热能将冰层融化,实现破冰的目的,这种方法通常需要大量的热能来源,如燃烧燃料、使用电能等。化学破冰是利用化学物质与冰层发生反应,降低冰的凝固点,使其融化。

除了传统的破冰技术,现代科技的发展也为破冰技术带来了新的突破。例如,无人机和卫星遥感技术可以实时监测冰层变化和冰情,为破冰行动提供准确的数据支持。人工智能和大数据分析技术可以模拟冰层生长和消融过程,预测冰情变化,为破冰决策提供科学的依据。

在现代极地科考中,作为担负开辟航道、运输物资、科研考察任务的极地船舶,通过机械破冰,在开拓北极航道和发展北极经济圈中扮演着重要角色。破冰船一般依赖船体线型和动力推进破碎冰层,开辟航道。为获得更大的破冰宽度,船身长宽比值较小,首柱较为尖削,以一定角度前倾。破冰船的推进系统多采用多螺旋桨,对螺旋桨和舵有防护装置。破冰船以柴油机或核动力为动力推进。总体来说,船体短而宽、船体强度高是破冰船的主要特点。

破冰船在破冰作业时,船艏担任主要的破冰任务,受到集中载荷的作用;船体与海冰发生碰撞,受到冲击载荷的作用。传统的破冰方式主要有连续破冰法和冲撞破冰法。

连续破冰法:在冰层较薄的冰区,一般冰层厚度低于1.5米时,使用连续破冰法。破冰船以一定航速,利用螺旋桨的推力、船体破冰线型直接将冰层破开撞碎。

冲撞破冰法：在冰层更厚的冰区、复杂的堆积冰区或冰脊区，采用冲撞破冰法。破冰船需倒退约两个船长的距离，然后加速向前冲，冲撞式破冰船艏部吃水较浅，船体会冲上冰面将冰层压碎，若冰层未完全破开，可利用左右压载水舱交替注水，使船体左右一定幅度摇晃，以达到开辟航道的目的。

目前，中国也拥有两艘具有破冰能力的极地破冰船，分别是破冰等级为PC6级的"雪龙"号和PC3级的"雪龙2"号。在后文中我们将详细介绍。

➡➡ 国之重器——雪龙号极地考察船

雪龙号极地考察船简称"雪龙"号（英文名：Xue Long），是中国第三代极地破冰船和科学考察船，它是由乌克兰赫尔松船厂在1993年3月25日完成建造的一艘维他斯·白令级破冰船。中国于1993年从乌克兰进口后按照中国需求进行改造而成。

"雪龙"号因其出色的破冰能力和先进的科技设备而闻名。它能够在南极海区航行，并具备B1级破冰能力，即以1.5节的航速连续在厚度1.1米冰层中前进。"雪龙"号船装有可调式螺旋桨，航行时操作灵活，有利于破冰。船体用E级钢板制作，即使在零下40摄氏度的严寒气候条件下，也不会变形。该船可运输杂货、大型重型货物及各种车辆（带滚装仓）、冷藏货物、贵重货物、炸药、矿物、标准集装箱及油料。1994年10月首次执行南极科考和物资补给运输，"雪龙"号已先后31次赴南极，多次赴北极执行科学考察与补给运输任务，足迹遍布五大洋，创下了中国航海史上多项新纪录。在我国第四次北极科考中,"雪龙"号刷新了中国的"最高北方"纪录——北纬85度25分线。

最近的一次重要航程是2023年11月1日从国内出发的第40次南极考察任务。在这次考察中,"雪龙"号与后面提到的"雪龙2"号和"天惠"轮三船共同保障实施,历时5个多月,总航程达到了8.1万余海里。这次考察任务圆满完成了包括南极秦岭站建设在内的多项重要任务,取得了丰富的科研成果。

而它的"继承人"——"雪龙2"号于2017年9月26日开工建造,2019年7月11日交船,历经653天的努力,顺利完成建造任务,并于2019年10月开启首次极地航行,目前已多次完成南北极科考任务。"雪龙2"号是国内设计建造的最高冰级PC3、H(−40摄氏度)破冰船,建造中突出深化"破冰"工艺技术研究。

▶▶ 水下技术与装备

如今,对于海洋的探索在持续进行,所需要的装备需具备高精尖技术、多学科交叉、前瞻性和引领性等特点,能够衡量海洋科研创新技术水平,反映科研基础设施建设能力。该类装备的技术突破,将带动其他海洋装备创新发展,以满足海洋环境保护、海洋资源开发、海洋安全保障等相关领域需求。后面,我们将介绍水下机器人、"蛟龙"号载人深潜器、深海浮标和深海空间站这四件装备。

➡➡ 深海"精灵"——水下机器人

水下机器人是一种工作在水下的机器人,它们在海洋资源开发、海洋环境监测、水下救援等领域发挥着重要作用。中国工程院院士、智能水下机器人专家徐玉如曾经说过:"水下机器人是探索海洋的重要工具,它能够帮助我们更好地认识这个蓝色星球。"国内外专家学者根据其智能化程度和使用需求,将水下机器人分为四类:拖曳式水下机器人(TUV)、遥控式水下机器人(ROV)、无人无缆水下机器人(UUV)和智能水下机器人(AUV)。前两种水下机器人均带缆,由母船上人工控制;后两种水下机器人均无人无缆,自主航行,分别由预编程控制和智能式控制。

水下机器人在海洋领域的应用场景非常广泛,常见的应用场景如下:

海底勘探:水下机器人可用于进行海底地质勘探、矿产资源调查、海底地形探测等任务,通过探测仪器进行数据采集和图像获取,帮助科学家深入了解海底环境。"海斗"号是一种新型的混合式水下机器人,用于开展全海深无人潜水器关键技术研究及验证。2016—2018年,"海斗"号连续3年参加马里亚纳海沟深渊科考航次,11次到达万米以下深度,最大下潜深度10 905米,获得中国首批全海深温盐数据和视频直播影像,实现中国首次全海深高清视频现场直播。

"潜龙二号"自主水下机器人是一套具有水体异常探测、微地形地貌测量、海底照相、磁力探测等能力,可实现复杂海底地形下多种资源大范围、全覆盖勘测的水下机器人,填补了中国在多金属硫化物等资源自主勘查领域的空白。2016年

3月,"潜龙二号"圆满完成中国大洋40航次应用任务,取得了多项历史性的突破。首次使用中国自主知识产权的AUV开展洋中脊热液区大洋探测任务,获得了断桥、龙旗热液区的近海底精细三维地形地貌数据和磁力数据,同时发现断桥、龙旗热液区多处热液异常点,获得洋中脊近海底高分辨率照片,取得中国大洋热液探测的重大突破。

海洋科学研究:水下机器人可用于海洋生态、海洋物理、海洋化学等领域的研究,可以搭载各种科学仪器进行海洋环境监测、水样采集、生物调查等任务。2台万米级"海燕-X"水下滑翔机开展了连续6天的综合调查,共获得观测剖面45个,其中万米级剖面3个,充分验证了"海燕-X"水下滑翔机在深渊环境下的工作可靠性,标志着中国在万米级水下滑翔机关键技术方面取得重大突破。

海洋资源开发:水下机器人可以用于海洋能源的勘探和开发,例如风能、潮汐能、海洋温差能等,可以搭载测量仪器、设备等完成相关任务。

海洋安全保障:水下机器人可用于海上船只的搜救、废弃物的清理、水下设施的检测等任务,为海洋安全保障提供支持。

水下作业:水下机器人可以用于水下作业,例如水下修船、水下打捞、海底管线维护等,可以搭载各种工具和设备完成相应任务。

而我们下面所讲的"蛟龙"号载人深潜器就是水下机器人中的一种,让我们一起来了解一下吧。

挺进深蓝——"蛟龙"号载人深潜器

要说探索海洋的奥秘,载人深潜器"蛟龙"号可以说是里程碑式的工具。为了赶超发达国家的深海援潜救生水平,2002年中国科技部将深海载人潜水器研制列为国家高技术研究发展计划重大专项,正式启动了"蛟龙"号载人深潜器的自行设计、自主集成研制工作。

2010年5月至7月,"蛟龙"号载人深潜器在中国南海进行了多次下潜任务,下潜深度达到了3 759米(全球海洋平均深度3 682米),并创造水下和海底作业超过9小时的记录。这在很大程度上说明了"蛟龙"号载人深潜器集成技术的成熟,标志着我国成为继美、法、俄、日之后,世界上第五个掌握3 500米深海载人深潜技术的国家。

2011年7月21日,"蛟龙"号5 000米载人深潜首试成功;2012年7月16日,"蛟龙"号载人深潜器完成7 000米级海试任务。

2013年6月17日16时30分左右,"蛟龙"号载人深潜器从南海一冷泉区海底回到母船甲板上,三名下潜人员出舱,标志着"蛟龙"号首个试验性应用航次首次下潜任务顺利完成。从2013年起,"蛟龙"号正式进入试验性应用阶段。

截至2024年2月23日,"蛟龙"号在南大西洋顺利完成23次下潜,并创造九天九潜的下潜新纪录。

可能大家不是很了解"蛟龙"号的下潜工作,下潜工作与大家经常看到的航天工作是不一样的。在时间安排上,航天员被送入太空,会在太空停留一段时间,短则几天,长至一年半载，卫星在轨道上的运行更是一种长期的工作。而潜水器的工作模式则是，在出海的时间里，每天下潜一次，下潜时长和工作时长取决于下潜深度。下潜深度越深，下潜所花的时间就越多，工作时间就相对减少；下潜深度越浅，下潜的时间就越少，花在工作上的时间就增加了。就像一个人的精力是有限的，假如每天有5个小时用来学习数学和语文，花掉2个小时学习数学，那么学习语文就只剩下3个小时。"蛟龙"号每次下潜时长，最长能达到12个小时，下潜到7 000米深度的工作时间设计为3个小时。

"蛟龙"号能在全球深海区域的99.8%进行工作，最大工作深度达到7 000米。其上可以搭载3名乘客，包括2名驾驶员和1名科学家。

中国大洋38航次第三航段现场总指挥邬长斌说："深海研究的进步，离不开深海装备的发展。'蛟龙'号的下潜足迹，遍布太平洋等6大海区的典型海底地形，特别是在马里亚纳海沟和雅浦海沟的下潜作业，发挥了'蛟龙'号全球领先的深度技术优势，进一步验证了其技术设计的安全性、可靠性，为我国进行国际深渊科学研究前沿提供着强有力的技术支撑。"

乘"蛟龙"探海，踏"雪龙"破冰，从"蛟龙"到"龙"家族，中国深海装备迎来大发展。"蛟龙"号副总设计师、4 500米级载人潜水器总设计师胡震表示，"蛟龙"号推动了我国深海技术的全面发展。它开辟了深渊科学新领域，开创了深海高效勘查新模式。

"蛟龙"号是当前世界上下潜深度最大的作业型载人潜水器。它的研制与应用，极大地提振了我国自主研发深海重大

装备的信心和决心,推动了万米级载人潜水器、万米级无人潜水器等深海重大装备的立项,加快了我国载人潜水器谱系化的发展步伐。以"蛟龙"号为代表的中国深海勘查装备技术体系已经形成。

➡➡ 海洋监测——深海浮标

"深海浮标"这个词可能大家几乎从未听过,更谈不上了解,但它是海洋监测中必不可少的一环。深海浮标就像是海洋的"气象站",它可以长时间漂浮在海洋表面,不断地监测和记录海洋的各种情况,比如温度、盐度、溶解氧等。这些信息对于我们了解海洋非常重要,它们可以帮助科学家研究气候变化、保护海洋生物,以及更好地管理海洋资源。

深海浮标有一个特别的地方,就是它们能够自己"发电"。有的浮标使用太阳能板来收集阳光发电,有的则使用其他的方法,比如燃料电池。这样,浮标就可以在海洋中独立工作很长时间,不需要经常加油或者充电。

而且,深海浮标就像有"翅膀"一样,它们可以通过卫星与外界通信,把收集到的信息实时发送回科学家的电脑上。这样,即使科学家远在陆地上,也可以及时了解海洋的最新情况。

有些深海浮标还特别聪明,它们可以自己判断什么时候应该发送数据,或者在遇到恶劣天气时保护自己。这就意味着,浮标可以自己完成很多工作,不需要人们一直盯着它们。

通过这些介绍,大家心中应该对这个装备有了最基本的概念,不知道大家脑海中呈现的是一个什么样子的图像,是大还是小？以一个大型海-气耦合浮标系统为例,它是一座高为15米、重为15.6吨的巨无霸,其上加载了自动气象站、辐射观测系统、垂直梯度观测系统、湍流通量观测系统、二氧化碳通量观测系统,不同深度的温盐深传感器及波浪传感器和方位传感器等20多种科考仪器,可以实时监测大气和海洋的多种参数。

国外大型海洋浮标并不多,直径为10米的大型浮标由于抗冲撞、抗破坏、抗拖拉能力强,在船只密集、渔业作业区有很高的应用价值。但由于大浮标受力面积大,锚系系统沉重,主要用于浅海观测。在远海应用的浮标主要是直径小于3米的小型浮标,但由于小浮标易受破坏,浮标在深远海的维护一直是令人头疼的事情。

➡➡ 海底"旗舰"——深海空间站

想象一下,如果在深海中有一个像太空站一样的地方,科学家可以住在里面,长时间地进行科学研究,那会是怎样的一种体验？唉,这就不得不提到深海空间站这个概念了。

2016年8月,国务院印发的《"十三五"国家科技创新规划》提出,"十三五"期间,中国将研究建立深海空间站——深海移动固定型空间站,开展深海探测与作业前沿共性技术及通用与专用型、移动与固定式深海空间站核心关键技术研究。

深海空间站是一个存在于深海环境中的现代化设施,它就像是一个海底的"房子",可以为科学家提供长期工作和生活的空间。由于深海环境的特殊性,这个"房子"需要特别设计,能够承受巨大的水压、极端的温度和强腐蚀性的海水。

在深海空间站里,科学家可以进行深海科学研究,比如探索深海生物、研究深海地质、收集有关海洋环境的数据等。由于深海中有许多未知的生物和少有机会被发掘的资源,深海空间站的建设将为科学家提供更多探索的机会。

同时,深海空间站还需要具备一些必要的生活设施,比如睡觉的地方、吃饭的地方,甚至娱乐设施,以保证科学家的生活质量。此外,它还需要有独立的系统来处理污水、提供电力和食物,就像一个独立的小型城市。

但是,建设深海空间站并不是一件容易的事情,它需要克服许多技术难题,比如如何在深海环境中保证空间站的安全稳定,如何处理紧急情况,以及如何与外界保持通信等。中国的深海空间站已经初具雏形:

早在2013年11月3日,中国船舶重工集团有限公司承担研制的我国首个实验型深海移动工作站完成总装,展开水下试验。2013年11月,实验型深海移动工作站正在进行调试。已完成总装的这个实验平台为35吨级,海底工作时间可达12到18小时,可载6人。中国船舶重工集团有限公司702所高级工程师邱中梁介绍:"这个实验平台底部装载着水下机器人,平台潜到海底后,驾驶人员可以释放机器人,遥控其进行独立航行作业。机器人最远可离开平台100米,工作深度最大可达1 500米,可以完成一些物体的抓取和布放工作。"

深海空间站代表了海洋领域的前沿核心技术,人类在太空建立的空间站已经运行了很长时间,而深海空间站则罕见报道。深海空间站是国家科技发展水平、生产力水平的重要标志，把人类活动空间移向深海，它很可能会成为未来深海科学研究的重要基地，帮助我们更好地了解和利用深海资源。

▶▶ 水下探测技术与装备

水下探测技术与装备是海洋科学研究、海洋资源开发、海洋环境保护及国家安全等领域不可或缺的重要工具。随着科技的进步，水下探测技术也在不断发展，尤其是人工智能技术的融入，更是推动了水下探测装备的智能化、自动化水平。下面就让我们来简单了解一下两种水下探测技术及其主要装备。

➡➡ 环境保护——水下噪声探测技术

水下噪声探测技术，简单来说，就像是海洋中的"声音侦察员"。它的工作就是用水下麦克风（也就是水听器）来捕捉海洋中的各种声音，然后用电脑软件来分析这些声音，找出它们的来源和特点。

想象一下，如果你在森林里，想要知道周围有什么动物，你可以听它们的声音。如果是一片寂静，你可能只会听到风声和鸟鸣；如果是有动物活动的区域，你可能就会听到不同的叫声。海洋也是一样的，它有自己独特的"声音背景"。海洋中充斥着由风、雨、舰船、海洋生物及工业等因素形成的海洋环境噪声，处在海洋中的每个物体周围都有噪声，在用声呐探测水下物体的过程中，无论是主动探测还是被动探测，都会受到海洋环境噪声的干扰。但在海洋环境噪声中也包含各种有用信息——处于噪声场中的物体的几何结构大小、空间位置

及物理材料,对这些信息进行分析可以获取关于海水、海底的详细情况。

水下噪声探测技术就是用来分辨这些声音的。它可以帮助我们了解海洋生物的行为,比如鲸鱼是如何交流的,或者海豚的叫声是什么样的。它也可以帮助我们监测船只和潜艇的活动,确保海洋的安全。甚至,通过分析海洋的声音,我们还可以了解海洋的健康状况,比如有没有污染,海水的温度是否在变化等。

水听器根据作用原理、换能原理、特性及构造等的不同,有声压、振速、无向、指向、压电、磁致伸缩、电动(动圈)等水听器之分。根据所用灵敏材料的不同,声压水听器可以分为:压电陶瓷声压水听器、PVDF声压水听器、压电复合材料声压水听器和光纤声压水听器。

现在较为常见的就是光纤声压水听器,是利用光纤技术探测水下声波的器件,它与传统的压电水听器相比,具有极高的灵敏度、足够大的动态范围、本质的抗电磁干扰能力、无阻抗匹配要求、系统"湿端"质量轻和结构的任意性等优势。因此,它足以应对来自潜艇静噪技术不断提高的挑战,适应了各发达国家反潜战略的要求,光纤水听器可以用来探测敌方的潜艇或水下航行器。在海洋监测领域,它可以用来研究海洋生物的行为或监测海洋环境的变化。而在水下通信领域,它可以用来接收和发送信号,实现水下设备之间的通信。

水听器与传声器在原理、性能上有很多相似之处,但由于传声媒质的区别,水听器必须有坚固的水密结构,且须采用抗腐蚀的不透水电缆等。

目前国内外关于海洋环境噪声特性研究主要包括以下几个方面：海洋环境噪声获取技术、建模、模型实验校验及特性表征方法等。

这项技术的关键在于它能够把复杂的声音信号转化为可以理解的信息。就像你把一首歌的不同乐器和声音分开来，理解它们各自在做什么一样，水下噪声探测技术也能够把海洋中的各种声音分开来，告诉我们它们各自代表了什么。

➡➡ 深海探索——水下探测目标接收技术

水下探测目标接收技术是一种用于检测和追踪水下目标的技术。这种技术在水下航行器、潜艇、水下无人机等设备的导航、搜索和监视中起着重要作用。

水下目标的探测和跟踪由于同时具有商业和军事上的重要价值而被越来越多的专家学者及生产技术人员重视，水下目标的探测和跟踪是未来发展海下微小无人探测器的重要基础和前提。对于水下探测器来说，视觉系统具有极高的地位和作用，视觉系统可以说就是水下探测器的眼耳，通过视觉系统，水下探测器能够对水下环境信息进行快速收集和分析，根据分析结果为其在水下的运动和作业提供相应的指导。在特定的水环境中，例如在海洋环境中，声波传递是唯一可以进行远距离信息传送的方法，因此要想对海洋环境进行充分的开发和利用就必须对水下目标探测技术以及水下目标跟踪技术进行研究。

如今水下运动目标检测技术包括：光流法、帧间差分法、背景消减法。

光流法是传统的运动目标探测方法之一。其检测原理是当物体发生移动时,在图像上该物体的亮度模式也在进行运动,因此可以称为光流法。

帧间差分法是监测相邻两帧之间图像变化的最直接的方法,它对两帧图像的像素点的灰度进行比较,通过计算阈值对序列图像中的运动区域进行检测。

背景消减法也是一种常用的水下运动目标检测方法,背景消减法可以看作一种特殊的帧差法,它将当前帧图像与储存的或者实时得到的背景图像相减,通过对差分图像中像素值进行判断进而推断出像素点运动目标的范围。

相对来说,背景消减法操作较简单,检测的位置准确且效率较高,但这种方法也存在一定的缺点,因为它对光线的要求较高,一旦光线出现明显变化,检测结果会形成巨大的误差,另外如果运动目标自身存在阴影也经常被误认为是运动目标的一部分,会对检测结果造成影响。

而水下目标的识别通俗来讲就是通过对水下水声信号进行判别,分析出水下物体的特性并进行识别的技术。例如可以识别水下的船体、鱼群和海底地貌地形等。水下目标的识别可以分为瞬态回波信号识别和水声图像信号识别,其中瞬态回波信号识别是对运动的物体的识别,与语音识别较为相似,而水声图像信号识别则多应用于识别静态物体。

➡➡ 海中"千里眼"——声呐装备

让我们再来想象一下,你在一个完全黑暗的房间里,你看不见任何东西,但是你想要找到房间里的一张椅子。你会怎么办？你可能会用手去摸，或者用脚去踢，通过触觉来感知椅子的位置。在水下世界里，情况也是如此，但是水下的环境更加复杂，因为水和空气不同，光线无法传播。所以，水下探测目标的方法就不能依靠视觉，而要依靠听觉。这就是声呐的作用。

声呐，全称为声音导航与测距，是一种利用声波在水下的传播特性，通过电声转换和信息处理，完成水下探测和通信任务的电子设备。声波是一种机械波，它通过振动传递能量，就像我们在空气中说话一样，声音通过空气的振动传播。在水下，声波也可以通过水的振动来传播。

声呐的工作原理与我们在空气中使用的声音原理相似。当我们说话时，声波从我们的口中发出，经过空气传播，最终到达别人的耳朵。在水下，声呐设备会发出声波信号，这些声波信号遇到水下目标时，会产生回声。声呐设备会捕捉这些回声，通过分析回声的特性，如频率、振幅和到达时间等，就可以确定目标的位置、速度和形状。

水下声学测量具有距离远、效率高的特点。应用声呐检测水下目标是目前最常用的检测手段之一，声呐设备包括：前视声呐、侧扫声呐和合成孔径声呐。

前视声呐是成像声呐中的一种，也是主动声呐，主要由发射基阵、接收基阵、信号处理和显示设备等组成。其产生的声波信号在水下传播时，会被岩石、鱼类、山体等目标反射，产生回波信号。接收基阵将回波信号转换为电信号，处理后形成目标图像信息。最终，各方向上的目标图像信息被上传至显示设备进行整理和显示，得到水声图像。

侧扫声呐是通过向侧方发射声波来探知水体、海面、海底（包括上部地层）声学结构和物质性质的仪器设备。侧扫声呐由于成像分辨率高、对目标区域海底实现全覆盖扫侧，据此对海底地形地貌等进行定性分析，被广泛应用于目标探测，沉船及失事飞机等海底残骸的搜索，海底表层沉积物属性的确定，以及海底地震、火山、地层的监测、水下实体结构勘查等。

合成孔径声呐是一种高分辨率水下成像技术。该技术自20世纪50年代提出，应用于雷达成像，历经70年的研发，已经日趋成熟，成功地用于环境资源监测、灾害监测、海事管理及军事等领域。受物理环境制约，合成孔径在声呐成像中的研发与应用起步稍迟，滞后于雷达。

声呐系统主要由三个部分组成：发射器、接收器和信号处理器。发射器负责发出声波信号，就像我们的声音一样；接收器负责捕捉回声，就像别人的耳朵一样；信号处理器则负责分析回声信号，提取有用的信息，就像我们的大脑一样。

声呐的应用非常广泛。在军事领域，声呐被用来探测敌方潜艇的位置，是潜艇战斗中的重要工具。在海洋科学研究中，声呐被用来绘制海底地形图，帮助科学家了解海底的形态和结构。在民用领域，声呐被用于水下考古、海洋资源勘探、渔业管理等领域。

尽管声呐技术在水下探测中发挥着重要作用，但它也存在一些局限性。例如，声波在水中的传播速度受到温度、盐度和压力的影响，这会导致声呐探测的误差。此外，水下的噪声环境也会干扰声呐信号的接收和处理。因此，声呐技术的改进和优化仍然是一个持续的过程。

➡➡ 深海勘探——物探调查船

在极地科考的重要装备中,除了破冰船外,还有物探调查船。物探调查船就像是海洋中的地质学家,它们在海上使用高科技工具来研究海底的地质情况。这些工具可以帮助科学家找到石油、天然气等资源,或者了解海底的地形地貌,就像是在海底进行一场详细的地图绘制。其主要包括海洋调查船、科学考察船、水文测量船、工程勘查船等。不同类型的物探船采用不同的物探方法。物探船中最主要的类型是地震船,此外,电磁勘探船近年来也发展得很快。

物探调查船上的设备非常先进,有点像是一部巨大的智能手机,但它使用的是声波和电磁波而不是无线信号。这些设备需要非常专业的技术来操作,而且物探船通常会在海上工作很长时间,有时候甚至是几个月,所以船上也备有一定的生活设施,就像一个小型的浮动城市。

据 *Offshore Magazine* 的统计,目前全世界物探船保有量为 164 艘,由 26 家物探船船东持有。物探船船东主要集中在欧洲,尤以挪威居多,挪威同时也是物探船配套设备和建造船厂最集中的国家。欧洲之外拥有较多物探船的国家是美国、中国和阿联酋。

1974 年 5 月 8 日,在没有经验也没有条件的情况下,两艘 3 000 吨货轮拼接而成的双体船"勘探一号"在黄海打下新中国第一口海上钻井,在此之后,中国的物探船研发技术飞速发展。

海洋石油 720 是中国国内第一艘大型深水物探船,是亚

洲最大的十二缆深水物探船。其设计建造除注重船舶性能、采集能力及设备可靠性和稳定性外,还十分注重节能、减排等项指标,成为安全、高效、环保、节能的海上作业平台,是深水油气勘探的重要配套装备之一,作为海洋深水工程重大装备纳入国家科技重大专项,主要从事海上三维地震采集作业。

海洋石油720工作水深可达3 000米,可在5级海况和3节海流情况下采集地震数据,水下设备可在5级海况情况下安全收放。在5节航速时,提供最大100吨拖力,可拖带12根8 000米地震采集电缆和双震源共8排气枪阵列。一根根"气枪"压缩空气后朝海底释放,震波碰到海底岩层产生反射波,再传回到物探船的接收装置。工作人员通过计算机处理得到地震反射剖面,绘制海洋油气田的关键路线图,平均每天勘探面积可达60平方千米。汇集了世界一流的专业物探设备,能够做到多缆和自扩式震源同时收放。

经略海洋：推动海洋资源开发

> 要高度重视海洋生态文明建设，加强海洋环境污染防治，保护海洋生物多样性，实现海洋资源有序开发利用，为子孙后代留下一片碧海蓝天。
>
> ——习近平

众所周知，地球被形象地称之为"水球"，因为约71%的地球表面被广袤的海洋所覆盖，而仅有大约29%是陆地。随着全球人口不断增长，有限的陆地资源变得更加稀缺。人类文明的不断进步驱使人们加快探索的脚步，而随着科技水平的提高，人类的视野也逐渐从陆地扩展至更广阔的海洋。

海洋所蕴含的丰富资源成为人类关注的焦点。海洋资源从所处的位置可分为海上资源、海中资源和海底资源。本章将分别对海上资源的风能、波浪能和潮汐能，海中资源的捕鱼和养鱼，海底资源的油气和矿物质的开发技术与装备进行介绍。

▶▶ 海上资源

➡➡ 风能开发技术与装备

风能是一种清洁的可再生能源,也是目前可再生能源中技术相对成熟,并且具备规模化开发条件和商业化发展前景的一种能源。风能开发技术涉及多个方面,而风力发电是风能资源开发利用的主要方式。风力发电顾名思义就是利用风能转换成电能的一种可再生能源技术。其应用背景可以追溯到古代时期,人们利用风力来驱动帆船、风车等进行了一系列的工作。随着人类社会的不断发展,对能源的需求也迅速增加,现代的风力发电主要起源于20世纪末的能源危机和环境保护意识的兴起。随着对传统化石燃料的依赖和全球温室气体排放的担忧,风力发电作为一种清洁、可再生的能源选择逐渐受到重视。

目前陆上的风力发电技术已经相当成熟,除了传统的陆上风电场,海上风电场也是得到了越来越多的关注。与陆上风能相比海上风能具有以下优势:①海上风力资源丰富,发电量较陆地风力大。离岸10千米的海表面风速比陆地大25%,且受环境影响小,可利用的风力资源为陆上风力的3倍。②海水表面粗糙度低,海平面摩擦力小,风速在高度上变化小,不需要很高的塔架,可降低风电机组的成本。③海上风的湍流强度低,风作用在风电机组上的疲劳载荷减少,可以延长风电机组的使用寿命。④风电技术已较为成熟,最具大规模开发和商业化发展,自2001年海上风电进入商业化阶段后,技术也不断完善成熟。⑤全球大部分海域的风能开发可以利用的风速出现频率基本都在60%以上,也就是说全球大部分的海域全年至少有一半的时间可以开展风力发电。因此海上风电具有更稳定的风能资源和更大的发展潜力,但也面临着技术和经济挑战。

当前,全球范围内海上风电装机量在亚太地区和欧洲地区呈现出高产业集中度,根据全球风能协会公布数据,截至2022年底,我国累计海上风电装机量达到31.44吉瓦,占亚太地区总装机量的92%,占全球总装机量的48%。在增量方面,我国2022年海上风电新增装机量为5.05吉瓦,占亚太地区新增装机量的80%,占全球总新增装机量的57%。值得一提的是,2021年是我国海上风电项目享受国家补贴的最后一年,新增装机量创历史新高,达到16.9吉瓦,占当年亚太地区和全球新增量的95%和80%。(图9)

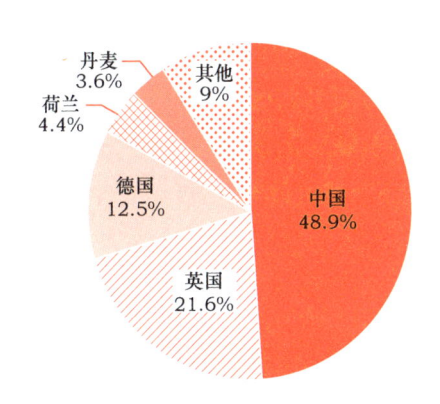

图9 截至2022年底全球海上风电装机占比情况

由于近海空间资源有限,海上风电的发展也必然像过去海洋油气产业一样,不断从浅海走向深远海。因此,漂浮式风电技术正成为研究热点,并逐步在海上进行示范应用。浮式

风电设施浮体型式源于传统海上油气浮式结构物类型,可分为单柱式、半潜式、张力腿式等。

❖❖ 单柱式平台

"漂浮"和"基础"两个词,看似是矛盾的,实则不然。因为风电机看似是整个地浮在水上,其实海面下还藏有几十米,甚至是上百米的杆体,在水面交界处,还专门设置有一个浮台。与此同时,水底下还有好几个"秤砣",这些秤砣每一个都重达几千吨,以一种平衡的方式固定在水中,用牵引绳扯住风电机的"腰部",将其牢牢固定住,不会在海面上漂远。

因为海上风机的柱子并不粗壮,所以浮水平台也很小,在多方的牵制下,虽然会小范围浮动,却因此不会被刮倒了。它利用了阿基米德的浮力原理:完全或部分浸入水中的物体会经历垂直向上的推力,算是某种意义上的"以柔克刚"。该类型平台的重心设计远低于浮心,当平台发生倾斜时,重心和浮心之间形成回复力矩可抵抗平台倾斜运动;另外较小的水线面设计可减小平台垂荡运动(小水线面舰船受海浪摇晃幅度最小)。该类型平台质量最大,但最具经济性。

❖❖ 半潜式平台

半潜式平台的设计思路是最大限度地减少暴露在水中的表面积,改而增加体积,从而为风电机提供大量浮力。可惜,如果要达到这个目的,最好的选择是制造一个球体,但球体的实际使用效果并不佳,因此退而求其次采用了圆柱体。

这些圆柱体垂直分布,组成了一个三角或四角形的平台,彼此之间的距离都大有讲究,决定了最终的稳定性。而风电机就放在其中的一个圆柱上,显得不太对称,但正是这种不对称的结构,决定了它在经受风力攻击的时候,可以自行旋转,调整压载质量,从而维持住在海面上的平衡。该类型平台在风机倾斜时,可通过分布式的浮筒结构产生较大的水线面(水平面和船体的截交面)变化,进而产生抵抗平台倾斜运动的回复力矩,这种平台的质量及经济性均适中。

我国的这台漂浮式海上风电机组就是使用的半潜式平台,它的最大抗风能力达到了17级台风,也是全球第一台抗台风级的漂浮式海上风电机,完全演绎了什么叫不动如山、大国重器。

❖❖ 张力腿式平台

张力腿式平台是一种风险和利润并存的方式,它的平台是三、四或五臂构成的星型几何形状,通过特殊的结构产生远大于自重的浮力,即使不需要安装风力涡轮机,也可以达成平衡。

该类型平台通过垂直向下的系泊张力平衡浮体向上的超额浮力,因此具备较好的平台垂向运动性能,但安装过程复杂。张力腿式质量最轻,但造价最高,这种方式虽然已经有理念,但主要是用在海洋油气开发工程之上,尚未在海上风电领域有具体的运用。(图10)

漂浮式海上风电基础技术方案仍未定型,新的技术方案持续涌现。考虑技术难度与经济性,半潜式基础适用度更高。除此之外,海上风电开发装备还包括用于施工、维护的船舶,随着智能化软件已逐渐融入海上风电场日常的运营维护和控制,进一步提高风电场整体的协同效率,减小运行成本,使效

益最大化。同时已有多种海洋无人化智能硬件装备在海上风电场日常维护中代替了人工操作,最大限度地减少了人工的安全隐患,提高操作的效率。

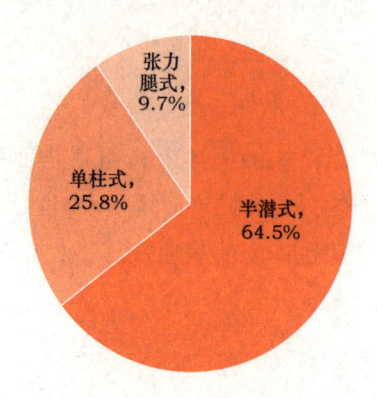

图 10 漂浮式风机类型占比

➡➡ 波浪能开发技术与装备

波浪能是海洋能的一种具体形态,也是海洋能中最主要的能源之一,它的开发和利用对缓解能源危机和减少环境污染是非常重要的。汹涌的海浪运动产生巨大的、永恒的和环保的能量,如果能将海浪的动能及其他水面的波浪能充分利用起来,则世界能源的前景会相当广阔和光明。

近些年来,波浪能技术已经进入了实用化阶段,一些波浪能发电站已经建成并运营。随着技术的成熟度提高,波浪能技术的可靠性、效率和经济性都在不断改善,并且不断有新的波浪能技术和装备及新的能量转换和收集方法涌现。一些波浪能技术已经开始试点商业化应用,并逐步投入市场。随着商业化进程的推进,波浪能发电成本逐渐降低,有望实现一定竞争力。此外，许多国家和地区已经制定了支持海洋可再生能源发展的政策和法规，对于清洁能源的研发提供补贴，这也将促进波浪能技术的发展。

迄今为止，有几种常见的波浪能发电技术，主要有三种分类形式。

❖❖ 按工作原理分类

波浪能发电技术根据不同的工作原理，主要分为振荡体式、振荡水柱式和聚波越浪式等。

振荡体式波浪能发电装置技术原理为利用捕能机构在波浪作用下所做的单自由度或多自由度运动，将波浪能转换为捕能机构的机械能。装置主要包括质量体和发电机等，此类装置结构简单，造价成本低，可适应性强，可扩展性好。通过优化俘获体的质量、形状、半径和吃水等参数，可以达到较高的俘获宽度比，技术开发难度低，是目前研究最为广泛的波能转换装置之一。

振荡水柱式波浪能发电装置主体结构为中空气室，气室上部与空气连通，气室下部与水体连通，波浪往复运动带动气室中的空气被压缩和膨胀，空气流过透平驱动涡轮机高速旋转，进而驱动发电机发电。此类装置结构简单，能量转换部件位于水面上方，不与海水接触，装置不易腐蚀，维护较为方便，但由于二级能量转换效率低，导致发电成本较高。

聚波越浪式波浪能发电装置一般利用呈喇叭状的收缩坡道或斜坡形成聚波效应将波浪引入高位蓄水池，利用水面高度差产生的势能驱动水轮机转动，进而带动发电机发电。此

类装置一级转换过程没有转换部件,减少了过程中的能量损耗,可靠性较高。但受收缩坡道或斜坡地形限制,对建造选址要求较高,而且在小波海况下,装置发电效率偏低,无法大规模建设,可扩展性差。

❖❖ 按发电装置的安装位置分类

根据发电装置的安装位置离岸距离和水深的不同,可将其分为靠岸式、近岸式和离岸式三种。靠岸式装置通常安装在浅水区,一般集成在防波堤、大坝,或者固定在悬崖或者海床上。这些装置易于安装和维护,但海岸线波的能量比深水波要少,而且可能会造成海岸线的重塑。近岸式装置安装在离岸几百米或几千米的浅水或中等水深处,通常固定或停泊在海底,不需要系泊系统,因此部署和维护费用有限,同时也存在能量比离岸式少的问题。离岸式属于锚泊装置,不需要固定安装,通常安装在深水区或停泊在海底。离岸式安装具有对陆地影响小、安装位置不易受限等优势,是未来关注的重点,在深海处具有更大的能流密度。但是离岸式装置比靠岸式、近岸式装置的建设和维护难度更大,且发电需安装电缆,增加了成本。

❖❖ 按 PTO 方式分类

根据 PTO 方式的不同,波浪能发电系统可分为非直驱式和直驱式两大类。非直驱式波浪能发电系统利用传统电机发电,由于波浪能的速度和频率比较低,所以中间必须要有一个提速的过程,即将波浪的动能转换成可以驱动旋转式电机的形式;液压式 PTO 系统通过液体来传递能量,一般采用液压缸和蓄能器作为波浪捕获装置与发电机的中间环节,由于液压系统的组成部件较多,随着时间的推移,会磨损活塞的密封件,这将大幅增加维护成本;气动式PTO系统通过海浪引起的振荡水位,在封闭室中驱动空气涡轮机,在封闭的腔室中振荡空气压力,从而驱动发电机发电。

总体来看,目前波浪能发电装置的能量转换率较低,因此波浪能的利用集中在离岸设备领域,主要应用于离岸海洋观测系统。由于离岸海洋观测装备内部电池容量有限,无法长时间供电,且其长期漂浮在海面上,在海洋环境下更换电池较为困难,若能进一步改进波浪能开发装备,提高能量转换率,则通过波浪能的大规模发电也可具有很大的发展前景。

波浪能发电技术虽经过近百年的发展,出现了种类繁多的波浪能装置,但其优劣势参差不齐。近年来,波浪能发电技术发展迅速,波浪能装置的应用价值也日益突出。因此,如同其他新技术一样,波浪能发电技术需要合理有序地规划发展方向,开拓应用领域或市场,才可长远发展。

(1)形成微电网供电波浪能装置作为独立的发配电系统,依靠自身的控制及管理功能实现功率平衡控制、系统运行优化、故障检测与保护、电能质量治理等方面的功能,组成了一套完整的电力系统,形成了小型智能微电网,为装置自挂或外部的海洋监测设备、海洋水文仪器、海洋测试仪器等供电。形成微电网供电的波浪能技术,实际应用主要为小型化波浪能供电装置。十千瓦级海洋波浪能发电设备的成功开发,可解决小型海洋工程设备长期以来的缺电现象,最大限度地利用海洋丰富的波浪能资源,最低限度地利用蓄电池一次供电,绿色稳定的电力供应将会开启海洋测量事业的快速发展之门。

中国科学院广州能源研究所积极开展小型波浪能发电装置的最优外形、最大功率捕获等理论与技术研究，成功开发多种型号的小型波浪能发电装置，目前主要包含两个方面的应用：航标灯用波浪能发电装置和海上观测及防护网用波浪能发电装置。这种小型的波浪能发电装置具有实时定位、数据传输、充放电自我保护、自动报警等功能，作为小型的智能微电网为航标灯及航标其他用电设备供电。目前这类小型化波浪能技术在国内处于领先地位，并正在逐步实现产业化。

(2)并入大型电网供电波浪能供电装置作为大型电网的有力补充，以可再生能源为能量来源，以绿色能源代替传统的化石能源，对环境保护具有重要意义。

(3)组成独立发电站波浪能利用技术的主要应用之一为供电，每台波浪能装置为一座发电站。单台波浪能装置供电能力有限，供电距离也受控，很难形成大型的供电站。但多台波浪能装置可形成波浪能装置群，可灵活组合成不同装机容量的波浪能发电站，为不同规模、不同需求的用户供电。

(4)多功能综合平台随着海上生产活动的广泛开展，波浪能装备最终将向多能互补和平台化方向发展，且有望建成集科考、探测、旅游、科普、供电等多种功能为一体的综合平台，甚至建造供人类生产与生活的浮动岛屿。海洋是可再生能源在立体空间上的集合。在海洋中蕴藏着丰富的波浪能、潮流能、潮汐能、盐差能、温差能等多种海洋能；在海面上，无建筑物的影响，海上风力强劲，风速快且传播范围广，风能资源比陆地更为丰富；且海上面积广阔，无结构物的遮蔽，太阳能资源更易于利用。在单种可再生能源的利用上，存在资源量在时间上和空间上分布不均匀、周期性变化的现象,但将多种可再生能源综合在一个公共的基础平台上,统一管理、统一转换、统一利用,将大大降低综合成本,提高能源的利用率,提升能量的可适应性。该综合平台可根据需求增加功能,例如,在提供电力以外供应淡水,可自主变动工作海域,应用范围将不断地扩大,灵活性幅度不断提高。另外,波浪能装置在提供电能的同时还能起到消波的作用,保护岛礁及岛上居民的生产生活安全。

随着国家"海洋强国"战略的逐步推进,波浪能发电技术的发展步伐将逐步加快,技术成熟度必定越来越高。与传统化石能源相比,波浪能发电技术目前虽然还存在成本偏高、稳定性及可靠性不足等问题,但随着各国政府对可再生能源的重视度逐渐提高,经费支持力度逐步加大,以及投入其中的科研技术力量的不断增强,波浪能的发展前景将十分广阔,波浪能发电技术也将会有更大的发展空间,在更多领域发挥作用。

➡➡ 潮汐能开发技术与装备

潮汐现象其实包含潮和汐两种现象。潮汐能主要是由太阳和月亮共同对地球的引力作用形成的。其中月亮的引力作用影响更大,之所以受到引力,是由于天体在运动过程中彼此间会产生万有引力,相互吸引。

潮水在水位变化时,会产生很大的能量,而且这种能量是绿色无污染的、可再生的能量。当海水涨潮时,水的流动会蕴含很大的动能,随着海水的水位上涨,其本身的动能就转化为势能。等到海水落潮,水位会变低,其中蕴含的势能再次转化成动能。

潮差即潮水涨落的水位差值,这是衡量一个地区潮汐能丰富与否的一个重要指标,如果平均潮差达到3米,该地区的潮汐能就具备了实际应用价值。地球上潮差较大的地区潮差甚至能够达到13~15米,如果能很好地利用潮汐能,这将给生活带来很大的福祉。在诸多形式的海洋能中,海洋潮汐能含量巨大,并且开发技术比较成熟,是目前最具有开发潜力的新能源之一。

虽然潮汐能具有无污染可再生、实用可靠和稳定等优点,但是在实际应用中,因港口海岸地貌特殊,而潮汐电站选址对地形要求较高,所以潮汐电站施工难度很大;虽然潮汐能是和众多新能源一样是一次性投资,但其水轮机是低水头、大流量型,体积庞大,如果双向发电,再加上兼具泵水功能,结构会更复杂,投资将会更大,而且潮汐电站的海水腐蚀、泥沙淤积等问题较为棘手,更使潮汐电站的开发难上加难。在不同的区域,潮汐系统也会有所区别,它们都有着独特的特点。

据海洋学家计算,世界上潮汐能发电的资源量在10亿千瓦以上,是一个天文数字。我国利用潮汐能的历史可以追溯到1 000多年前,以在山东蓬莱地区发现的潮汐磨为证;宋朝时在福建泉州修建的洛阳桥运用潮汐能量搬运石料,也是对潮汐能的很好利用。我国潮汐能的理论蕴藏量达到1.1亿千瓦,在我国沿海,特别是东南沿海有很多能量密度较高,平均潮差4~5米,最大潮差7~8米。其中浙江、福建两省蕴藏量最大,约占全国的80.9%。

随着技术的不断进步,潮汐能在全球范围内得到了越来越广泛的关注和应用。潮汐能开发技术涵盖了多个方面,包括潮汐能发电技术及装置、潮汐能储能技术及潮汐能海水淡化技术等。在这些领域，不断的创新和改进正在推动着潮汐能产业向前发展。

❖❖ 潮汐能发电技术及装置

潮汐能发电的工作原理与常规水力发电的原理类似，利用潮水的涨、落产生的水位差所具有的势能来发电。我国的潮汐能发电研究起步较早，在 20 世纪 50 年代就开始研究利用潮汐能发电。目前我国最大的潮汐能发电站——温岭江厦潮汐试验电站，单库双向型潮汐电站。电站位于浙江省温岭市乐清湾江厦港，该海域潮汐属半日潮，平均潮差 5.08 米，最大潮差 8.39 米。电站目前共安装 6 台双向灯泡贯流式水轮发电机组。它是以国家重点科技攻关成果转化建成的我国最大、最先进的潮汐电站，其装机容量位居国内第一、世界第四，仅次于 254 兆瓦的韩国始华湖 Sihwa Lake 潮汐电站、240 兆瓦的法国朗斯 La Rance 潮汐电站、20 兆瓦的加拿大安纳波利斯 Annapolis 潮汐电站。目前主要的潮汐能发电设备包括潮汐涡轮机、潮汐涨落式发电机、潮汐水轮机等。

我国潮汐电能装备掌握了拦坝式潮汐能发电、发电机组制造及电站运行等关键技术，已具备商业化开发潮汐能的技术条件，在潮汐电站建设方面具有丰富的实践经验。目前运行的潮汐电站包括：浙江温岭江厦潮汐电站、浙江海山潮汐电站和山东白沙口潮汐电站。其中，海山潮汐电站位于浙江乐清湾中部，该海域平均潮差为 4.87 米，是我国至今为止唯一的双库、单向、全潮蓄淡、蓄能发电和库区水产养殖综合开发的小型潮汐电站。

制约潮汐能装备技术发展的主要因素包括：一是地理位置要求高，选址要结合海湾、河口的天然构造，适合区域性因地制宜开发，难以大范围推广；二是发电成本较高，潮汐电站除了一次性投资大之外，目前潮汐能的上网电价很高；三是材料技术水平的限制。海水不像陆地的淡水河流，海水里含着高强度的金属盐成分，会对发电设备产生化学、电化学等腐蚀性作用，而且海洋当中孕育着多种多样的生物，这些生物有的也会产生对潮汐电站发电设备具有腐蚀作用的物质，而且还有微生物的附着，这更加考验材料的生产工艺制造水平，而目前中国的材料技术虽然取得了巨大的进展，但是仍然有很多工作需要努力。因此，在国内并未实现大规模商业化推广。

拦坝式潮汐发电的工作原理：通过大坝蓄水，利用落差发电，这种重点利用潮汐的位能、压能等势能的发电方式即潮位发电，其发电原理与水力发电中的抽水蓄能原理类似，但抽水蓄能电站一般为正向做水轮机发电运行，反向为水泵耗电运行；潮汐电站的水力机组则兼具正反向发电、泵水功能，既可双向发电也可在需要时两向泵水。潮汐电站是在涨潮时，水库中的水位低于海水水位，大量海水会通过机组流道进入水库，海水冲击水轮机，水流蕴含的动能和势能就转化为了水轮机的机械能，而水轮机又带动发电机旋转发电，最终产生电能；退潮时，水库中的水位高于河海的水位，海水由水库注入大海时又带动水轮发电机组转动。通过海水的不断涨落，从而使发电机组不停地发电。根据具体发电方式的差异，又有单库单向电站、单库双向电站和双库连续发电电站三种类型。

同时，在资源条件一定的前提下，只有更大的电站装机规模才会产生更高的经济效益。近期,一方面为了保持各自潮汐能技术的国际领先优势,另一方面也为了维持潮汐能研究人才队伍,法国、加拿大、俄罗斯等国家都启动了更大装机规模的潮汐电站建设研究。

❖❖ 潮汐能储能技术

潮汐能储能技术是为了解决潮汐能发电的间歇性而不断发展的。通过储能技术,可以将在潮汐能产生高峰期所产生的电能储存起来,在需求高峰期再次释放出来,从而实现能源的平衡和稳定供应。

潮汐能等新能源的储能技术目前还在持续发展阶段。在未来,随着技术的进一步发展和应用的推广,潮汐能储能技术有望成为全球能源供应领域的重要组成部分。它的可再生、稳定和环保的特点使其成为解决能源供应问题的可行选择。

❖❖ 潮汐能海水淡化技术

为解决能源紧缺问题和淡水资源紧缺问题,潮汐能利用技术和反渗透海水淡化技术结合,可以在潮汐能发电的同时,将海水转化为淡水,解决部分地区的淡水资源短缺问题,具有极大的社会和经济意义。它的技术原理是利用潮汐能驱动海水加压进入热能转换器,产生高温高压水蒸气,再通过多级闪蒸或反渗透工艺,将海水中的盐分和杂质去除,得到淡水。

潮汐能直接驱动反渗透海水淡化方法,不经过电能转化过程,系统可省去发电机、整流并网设备和电动机设备,且系统中的水轮机不再需要调速机构。故此方法可以降低系统的复杂性,这不仅能使设计简单化,大幅度降低系统设备成本,

更可有效地控制系统的可靠性。

即使目前存在诸多困难,但相信随着社会和科技的不断发展进步,预计未来潮汐能将成为海洋能源中的重要组成部分,为人类提供清洁、可持续的能源供应,促进能源结构转型和可持续发展。

▶▶ 海中资源

➡➡ 海上捕鱼技术与装备

在茫茫的大海上,有一场奇妙的狩猎正在悄然展开。想象一下,一艘巨大的渔船缓缓驶向海面,船上的渔民紧张而期待地准备着。他们的目标不是星辰大海,而是藏匿在深海之中的丰富海洋生物。

在灵活运用捕鱼工具的过程中,渔民需要不断地调整策略,根据海洋环境、气象条件和鱼类活动规律等因素作出相应的应对。精准的判断和灵活的应变能力,是海上捕鱼成功的关键。海上捕鱼不仅仅依赖于多样化的渔具,更需要先进的航行与导航技术(如 GPS 导航、雷达监测和船舶通信)来确保船舶的安全航行和有效的捕捞。

这些航行与导航技术的应用使得海上捕鱼船舶能够更加安全地在海洋中航行,并提高了捕鱼效率。同时,它们也为渔民提供了更多的信息和资源,使得海上捕鱼活动更加可控和可靠。

航行安全和渔船管理对于海上捕鱼活动至关重要,它们直接关系到船员的安全及渔业资源的可持续利用。

第一，航行安全是海上捕鱼活动的基础。在海洋环境中，船只可能面临着诸多的危险，如恶劣天气、海上障碍物、其他船只等。良好的航行安全措施和技术设备可以帮助船员及时发现和避免这些危险，降低海上事故的发生率，保障船员的生命安全。

第二，渔船管理对于渔业资源的保护和可持续利用至关重要。合理的渔船管理包括渔业法规的遵守、渔业资源的科学管理、渔具的合理使用等方面。通过严格管理和监督，可以有效地控制捕捞量，防止过度捕捞和滥捕，保护海洋生态环境，维护渔业资源的健康和稳定。

综上所述，航行安全和渔船管理对于海上捕鱼活动的顺利开展和渔业资源的可持续利用至关重要。只有充分重视航行安全和渔船管理，才能确保渔业的持续发展，保护海洋生态环境，以及维护渔民的生计和利益。

在探索航行安全和渔船管理的重要性时，不仅关注了海上捕鱼活动的安全性和可持续性，同时也展示了海上捕鱼业的现状和挑战。通过科技创新、数据驱动的管理及环保意识的提升，探索海上捕鱼业向着更安全、更可持续的方向发展。

随着船只航行能力的提升，远海捕捞逐渐兴盛，尽管社会进步和技术发展使得捕鱼业的面貌发生了巨大变化，但无论如何，渔民的经济收益仍然是重中之重。在不断变化的世界中，捕鱼业仍然将人类、鱼类和海洋紧密地联系在一起，成为人类文明与自然之间交织的重要纽带。

拖网渔船：从事拖网作业，捕捞中、下层水域鱼虾类的专用渔船。按作业船数分双拖网和单拖网渔船。双拖网渔船由

两船拖曳一顶网具进行捕捞作业的渔船。单拖网渔船由单船拖曳网具进行捕捞作业的渔船。按作业方式可分为舷拖网、尾拖网和桁拖网渔船。

舷拖网渔船：在船的一舷设有网板架，并进行拖网作业的渔船。

尾拖网渔船：在船尾部设有网板架，进行单船尾部拖网作业的渔船。

尾滑道拖网渔船：在船尾部设有起、放网滑道进行尾部拖网作业的渔船。

桁拖网渔船：有桁架伸于舷外，以拖曳网具进行捕捞作业的渔船。

拖网加工渔船：具有较大的冻结和加工能力的大型尾滑道拖网渔船。

围网渔船：从事围网作业，主要围捕中、上层水域鱼类的专用渔船。按作业船数和捕捞对象分类如下：

双船围网渔船：由两船共起、放一顶围网进行捕捞作业的渔船。

单船围网渔船：配有辅助船艇，单船起、放围网进行捕捞作业的渔船，按起网位置可分舷侧或尾部起网围网渔船。

光诱围网船组：由一艘围网渔船、数艘诱鱼灯船、探鱼船及保鲜运输船等组成的光诱围网作业的船组。

光诱围网渔船：利用水上及水下灯光诱集鱼群，进行围捕作业的渔船。

围网探鱼船：光诱围网船组中,配有多种探鱼仪器设备,主要用于探测鱼群的一种小型船舶。

灯光诱鱼船：与围网渔船配合作业,设有专用的水上和水下诱鱼灯,用以诱集鱼群并兼有探、带网头绳、带煨等任务的船。

金枪鱼围网渔船：船尾制成斜坡形滑道供起放小艇之用,以围捕金枪鱼为主的渔船。

敷网渔船：利用撑杆和提放网设备,把网具事先设于舷侧水中,用诱饵、灯光诱鱼、虾、蟹入网而进行捕获的专用渔船。

钓渔船：使用钓具进行捕捞鱼类的专用渔船。按作业方式分类如下：

延绳钓渔船：使用长达数千米的延绳钓渔具进行作业的渔船。大型的延绳钓渔船甲板上还搭载多艘子船,形成母子船队作业方式。

竿钓渔船：在甲板两舷外设有钓鱼平台及诱集鱼群的喷水管系,设有隔热设施的活饵舱,用手钓或自动竿钓机进行捕鱼作业的渔船。

曳绳钓渔船：在船舷侧或尾部向外伸出一至数根带固定钓具的撑杆,借船行拖曳钓线来诱钓上层鱼类的渔船,多为沿岸或近海的兼作渔船。

鱿鱼钓渔船：使用灯光或发光钓具诱钓鱿鱼的渔船。

手钓渔船：在舷墙外设有钓鱼平台并悬挂诱鱼灯,供钓手作业的小型兼作渔船。

渔业辅助船：从事各种加工、贮藏、运输、补给、医疗、渔政、救助等渔业辅助船舶的统称。

渔业基地船：支持整个船队能较长时间地进行捕捞作业、渔获物加工、贮藏和运输，以及补充船队生活用品、渔需品和提供各类修理，并可供船员进行轮休，文化娱乐和医疗等设施的大型船舶。

渔业加工船：在海上将渔获物加工成半成品或成品的船舶。按加工对象及工艺可分为鱼粉加工船、冻结加工船、鲸加工船、蟹加工船及金枪鱼加工船。

冷海水保鲜运输船：经制冷装置冷却后的海水用作冷媒，以保藏渔获物鲜度的专用运输船，通常属围网渔业的辅助船。

渔业供应船：向渔船或船队供应生活品和渔需品的专用船舶。

渔获物冷藏运输船：设有冷藏舱，用于运输渔获物或鱼品的船舶。

活鱼运输船：设有活鱼舱或采用循环水或换水方式，甚至备有增氧、净水、降温等装置，专用于运输活鱼的船舶。

渔业救助船：备有一定的医疗设施和救助装备，在渔场上担负人员医疗急救和船只、人员救助工作的船舶。

渔业调查船：专门从事水产资源、渔场和海洋环境等科学调查，以及渔具、渔法和渔获物保鲜加工等的试验研究的船舶。

目前远洋渔船主要有：单拖尾滑道拖网渔船、金枪鱼围网渔船、单船尾起网围网渔船、罩网渔船、秋刀鱼舷提网渔船、延绳钓渔船、鱿鱼钓渔船、手钓渔船。后续将分别介绍这些远洋渔船。远洋渔业辅助船主要有：渔业加工船、渔业供应船、渔获物冷藏运输船。

未来海上捕鱼技术与装备的发展将趋向于智能化和自动化技术、环保和可持续性技术、精确化和精细化管理和多元化和个性化装备。

总的来说，未来海上捕鱼技术与装备的发展将更加注重效率、环保和可持续性，同时借助现代科技的力量，实现更加精准和高效的渔业资源管理。然而，这些发展趋势的实现也面临着诸多挑战，如技术创新的难度、成本问题及渔民接受程度等，因此需要科研机构、企业和渔民等多方共同努力，推动海上捕鱼技术与装备的持续发展。

➡➡ **海上养鱼技术与装备**

随着科技的进步，尤其是近代以来，我国的海上养鱼技术不断创新，逐步发展成为世界上领先的水产养殖国家之一。在海上养鱼方面，我国的技术和装备日臻完善，不断引领着全球养殖业的发展潮流。无论是传统的海上养鱼方式还是现代化的水产养殖系统，我国都在不断探索创新，为全球渔业作出了重要贡献。

我国海水围网养殖经历了近岸滩涂围海（包括滩涂围网和围塘）养殖、浅海围网养殖、深远海大型围栏养殖的历程。其中深远海大型围栏养殖的研究及应用始于本世纪初，海洋工程技术、网衣新材料及其防污技术、桩网连接技术及工艺等

研发与应用，使围栏养殖设施的大型化、离岸化和智能化成为可能。根据开放海域和远海岛礁特点可分为离岸式围栏和连岸式围栏。离岸式围栏，一般建造于开放海域或半开放海域；而连岸式围栏，一般是依托远海岛礁，进行一面或多面围栏。养殖水体可达数万至数十万立方，宽阔的空间和良好的海洋水质环境，可为鱼类原生态牧养模式搭建优良条件。工程造价虽然一次性投入较高，但由于维护管理相对方便，且桩柱可作为休闲旅游的附加平台，提升潜在价值，因此，近年来备受海水养殖企业的青睐，呈现快速发展的势头。

2012年，中国水产科学研究院东海水产研究所与浙江台州椒江星浪海水养殖专业合作社在浙江台州大陈岛海域建造了我国首个大型围栏养殖设施。该设施为周长约360米的正八边形布局，固定桩采用钢筋混凝土桩，直径为80厘米，间距为5，共计70根桩。网衣由上部超高强聚乙烯网衣与下部铜合金编织网组成。后因台风受损进行了修复，局部增加双排桩结构，增加至100余根，后续增加的桩改为钢管桩。该设施可养殖大黄鱼约60万尾。

2015年，中国水产科学研究院东海水产研究所联合浙江温州丰和海洋开发有限公司设计研发了双周圆大跨距大型围栏设施。该围栏外圈周长为498米，内圈周长为438米，内、外圈之间的跨距高达10米，均有水泥管桩与UHMPE网衣组成。该围栏具有工作和观光平台，还配备了起捕、投喂等装备。主要用于仿生态养殖大黄鱼、黑鲷、石斑鱼和斑石鲷等经济鱼类。

2016年，浙江海洋大学采用"悬链式大型围栏工程技术"

在舟山桃花岛南部建设了连岸式大型围栏养殖设施,解决了大黄鱼自然环境下的越冬、投喂、起捕等关键问题,养殖品质得到市场高度认可,曾创下了 7 条鱼售价 4 000 元的良好纪录。该围栏设施是舟山市第一个大型高端生态围栏养殖工程技术产业化应用示范基地,成为海洋生态养殖模式创新的示范样板,推动舟山地方海洋养殖产业转型升级与创新发展。

2017 年,中国水产科学研究院黄海水产研究所与山东莱州明波水产有限公司合作在莱州湾远海开放海域建成钢制管桩生态围栏养殖设施,配套研发了鱼苗转运投放、饲料投喂、成鱼收获、物联网监控等附属装备,基本实现了大型围栏养殖的自动化与智能化操控管理;还开展了斑石鲷、半滑舌鳎和梭鱼等鱼类混合养殖实验,取得了良好的效果。

目前世界上深海养殖网箱的结构形式多样,按网箱的结构形状可分为圆形重力式网箱、钢结构板架式网箱、张力腿网箱、碟型网箱、浮绳式网箱、升降式网箱、锚拉式海洋圆柱网箱等。

中国现有应用较广泛的主要深水网箱有下述几种:

浮式网箱在深水网箱中占比最大,其框架浮于水面。我国浮式网箱中用量最大的是 HDPE 框架深水网箱。HDPE 框架深水网箱主要包括框架系统、网衣系统、锚泊系统和配重系统几个部分,网箱依靠网衣下方的配重系统或张网架等来张紧网衣,以保持所需的养殖水体。HDPE 框架深水网箱的框架材料为 HDPE 管材。HDPE 框架深水网箱结构简单、物美价廉,且能够抵御较强风浪的冲击,目前应用范围较广,如美国、挪威、澳大利亚等国家目前广泛应用该类网箱进行海水

养殖。但该类网箱为保持养殖体积而增加配重系统的质量，容易导致网衣受损，因此其使用受到流速的限制。

浮绳式网箱的柔性框架由浮绳和浮子装配而成，最初由日本发明并推广到世界各地。浮绳式网箱由柔性框架、箱体网衣、浮子和锚泊系统等构成。网箱因其结构具有柔性而能够在风浪作用下随水流漂移，从而可以缓冲大风浪带来的冲击力。为避免海水淹没网箱边沿导致鱼类逃逸，该类网箱有时还配备有防逃网。有时可通过木板等固定物将多个相同规格的网箱连接起来组成网箱集合群，并在集合群最外沿使用浮子缠绕，以提供足够的浮力。浮绳式网箱制作简单，成本较低廉，投饲方便，但该类网箱在遇到大风浪时箱体网衣易发生变形而造成鱼类伤亡，因此浮绳式网箱一般应用于风浪较小的海域。

金属框架网箱的主体框架由金属材料制成，其基本结构为金属框架、箱体网衣、浮筒和锚泊系统。金属框架网箱的上框架上一般装有盖网。该类网箱除金属框架结构外，有时使用锌铝合金网衣或者铜锌合金网衣等金属网衣作为网箱箱体网衣，使箱体整体有一定的刚性，能够承受较大的风浪冲击。金属框架网箱锚泊时，可将多个网箱组合定位而成一个整体，将多个金属框架网箱连接在一起，使得该类网箱大而稳定，造价低廉。可根据生产需要增减网箱，随意解开一组金属框架网箱的连接绳索，操作简单方便。

2017年起，我国深远海网箱进入快速发展期，呈现出跃进式发展的显著特征。

❖❖ "深蓝1号"全潜式深海渔场

2018年5月,"深蓝1号"全潜式深海渔场在山东青岛建成交付。"深蓝1号"箱体高38米、周长180米,一次可养育大西洋鲑30万尾,可实现年产量1500吨。"深蓝1号"安装在日照市以东150千米的黄海海域,利用冷水团进行大西洋鲑养殖生产;其潜水深度可在4~50米调整,依据水温控制渔场升降,可使鱼群生活在适宜的温度层。"深蓝1号"项目创新了水下锚泊导缆装置等技术,助力了我国水产养殖从近海向远海的转变。

❖❖ "哨兵号"无人智能可升降试验养殖平台

2019年6月,由天津海王星负责设计、建造与安装的"哨兵号"无人智能可升降试验养殖平台正式启用,试验期间其自动投喂系统、增氧系统和灯照系统等均测试正常。"哨兵号"创新采用龟甲网衣,确保了试养鱼类安全。宁波百厚委托东海水产研究所为龟甲网衣提供了网衣强力检测、老化性能试验、水动力性能试验等综合技术支持。"哨兵号"的建成交付及其试养成功对现代渔业进步、北冷水团水产开发落地意义重大,不仅突破重大海洋关键技术,拓展海洋战略空间,还实现了渔业增产增收,为乡村振兴战略作出了重要贡献。

2020年1月,"蓝鑫号"深远海智能大型养殖网箱在威海投放使用。"蓝鑫号"长为158米、宽为54米、型深为3米、设计吃水为1.5米,整装系统由前后2个四方框形浮体和1个三角形框架船舱组成。上述三角形框架船舱由2条系泊缆连接单点系泊系统。"蓝鑫号"拥有远程投喂、网衣清洗、智能起

捕、环境监控、死鱼收集、渔业互联等多项机械化与智能化系统，设有2个八角形网箱，现代化深远海智能大型养殖网箱装备项目是威海市发展大西洋鲑深远海养殖产业的重要一环。

2020年5月，由马尾造船承建的"海峡1号"单柱式半潜深海渔场在福鼎海域顺利完成浮卸并开始系泊安装。"海峡1号"其平台直径为140米、总体高度为40米、网箱高度为12米，以大黄鱼为养殖对象，通过仿野生养殖的方式，缩短仿野生大黄鱼养殖周期，提升养殖风险抵御能力。"海峡1号"可养殖大黄鱼约2 000吨，配置铜合金网衣和水下监测系统，采用光伏供电、7点钢制悬链系泊系统，可抵御17级台风，预计使用寿命25年以上。"海峡1号"箱体采用铜合金网衣，以解决深远海养殖网衣的污损问题，相关工作目前正在进行中。

总的来说，不同的海上养鱼技术各有优缺点，选择合适的技术取决于养殖场地的特点、经济条件及鱼类的养殖需求。在实际操作中，需要根据具体情况综合考虑，合理选择和应用相应的养殖技术，以实现海上养鱼的良好效果。

海上养鱼不仅是对海洋资源的有效利用，更是对人类智慧和科技创新的充分展示。随着科技不断进步，我们有信心海上养鱼技术将迎来更加广阔的发展前景。让我们共同期待着，通过不断的探索和努力，海上养鱼将为人类提供更多优质的水产品，同时实现与海洋和谐共生的美好愿景。愿我们的海上养鱼之旅不断探索前行，为未来的海洋生态保护和人类福祉贡献更多的力量。

▶▶ 海底资源

➡➡ 油气资源开发技术与装备

随着我国城市化和工业化的快速发展,以及经济社会对能源的需求日益增加,内陆油气资源紧张的问题日益凸显。为保障我国能源供给,需要大力加强海洋油气田的勘探开发工作,提高海洋油气田产量。广袤的海洋地区油气资源丰富,据统计,海洋油气资源占全球油气资源总量的43%~45%。我国沿海大陆是环太平洋油气带的主要聚集区,海洋油气储量丰富,勘探开发程度较低,海洋油气开采潜力巨大。

我国海洋油气装备从浅水开始起步,逐步开始对深水的布局和突破,经历了对外合作、自主攻坚的过程。随着易开采油气资源渐渐成为"远去的风景",深水油气资源将成为新一轮能源争夺主阵地。由于技术制约,目前全球只有少数公司有能力从事深水钻井,其中美国公司居多,其所拥有的深水钻井装置占全球总数的约65%。随着技术进步,半潜式钻井平台和钻井船不断更新换代,额定作业水深和钻深能力相应增强。

目前我国已实现的油气资源开发技术有:(1)深水浮式生产设施设计、建造、安装、调试技术——完成了全球首个10万吨级半潜式生产储油平台"深海一号"能源站、35万吨级超大型FPSO巴油P67/P70、我国最大作业水深FPSO海洋石油119等大型浮式装备建设,形成超深水半潜平台EPCI总承包技术能力,突破大型深水FPSO一体化设计技术,掌握复杂单点及上部模块高精度集成技术。(2)超大型海上结构物及模

块化设计、建造、安装技术——形成了3万吨级超大型海上结构物设计、建造、安装技术,完成全球首个极地LNG工厂亚马尔LNG项目和首个一体化建造核心工艺模块加拿大LNG项目,模块化建造技术达到国际先进水平。(3)海上油气平台浮托安装技术——攻克了高位、低位、动力定位等主流浮托技术,具备全天候、全海域浮托施工能力,浮托安装种类数量、作业难度和技术复杂性等均位居世界前列。(4)LNG全容储罐工程技术——牵头总包30多座LNG储罐和接收站,形成从3万方到27万方的LNG全容储罐EPCM一体化工程技术,稳居国内LNG工程建设行业第一梯队。(5)1 500米级海底管道及水下生产系统设计、建造、安装及调试技术——突破了1 500米深水海管设计、S型铺设、管端结构物舷侧安装、水下整体联合预调试等关键技术,形成深海水下生产系统设计、建造、安装及调试技术。(6)300米级深水导管架设计、建造、安装技术——完成了亚洲第一深水导管架工程总包,300米级深水导管架设计、建造、安装成套技术处于亚洲领先水平。(7)海上固定平台工程设施标准化、系列化设计、建造、安装、调试技术——形成了一套能够重复使用和批量建造的海上固定平台标准化、系列化技术成果,工程设施标准化技术发展走在行业前列。(8)海洋工程智能制造及海上作业仿真技术——建成首个海洋油气装备制造"智能工厂",研发国内首套海洋工程安全作业仿真测试平台,智能制造和仿真技术处于国内海洋工程行业领先水平。(9)海洋工程数字化与全生命周期监检测与评估技术——形成了海洋工程设施完整性检测评估技术体系,数字孪生技术在多个深水项目中成功应用,掌握海洋工程设施数字化及全生命周期检测评估技术。

(10)海洋油气田在役设施 IMR(检测、维护、维修)技术——依托国家深水管道应急维抢修基地,形成了海洋油气田全生命周期运维与 IMR(检测、维护、维修)技术体系与服务能力。

我国油气资源开发装备有:

✧✧ "深海一号"

2021 年 6 月 25 日,我国首个千亿立方米深水自营大气田——"深海一号"正式投产。这是我国海洋石油工业发展史上的重要里程碑,标志着我国从装备技术到勘探开发能力全面实现从 300 米到 1 500 米超深水的跨越。

"深海一号"气田探明地质储量超千亿立方米,投产后除为粤港琼等地稳定供气外,其设施还将带动周边陵水 25-1 气田、永乐 8-3 等新多个深水气田开发,形成气田群。同时,"深海一号"气田的开发,也使环海南岛并辐射香港、广东的海上天然气大管网最终成型,可将陵水、崖城、东方、乐东等一批海上气田串联起来,实现海上天然气向粤港澳大湾区和海南自贸试验区(港)稳定供应。

该项目在建造阶段实现 3 项世界级创新,包括世界首创立柱储油技术、世界最大跨度半潜平台桁架式组块技术和世界首次在陆地上采用船坞内湿式半坐墩大合拢技术,并且运用 13 项国内首创技术,攻克 10 多项行业难题,是中国海洋工程建造领域的集大成之作。

✧✧ 钻井装备"璇玑"系统

中国海油自主研发的旋转导向钻井装备"璇玑"系统成功实现 1 000 口井作业、100 万米钻井总进尺,第二代产品在南

海东部进行首次应用,标志着我国高端油气钻井技术实现新进展。旋转导向钻井与随钻测井技术自20世纪90年代诞生以来,因其横跨20多个学科、涉及1 000多道高端工艺,多达几百万行控制代码,被美国三家国际油田服务公司垄断20余年。"璇玑"系统成功研发并实现海上作业,使我国成为世界第二个拥有该项技术的国家。

✥✥ 深水油气勘探关键核心技术装备

中国深水油气勘探关键核心技术装备取得重大突破。"海洋石油720"搭载"海经"系统完成在全海域的应用和首次超深水海域地震勘探作业,海底地震勘探采集装备"海脉"在渤海海域正式投入使用,这将为我国海洋油气精准勘探提供有力的技术支撑。

据了解,作为采集海底油藏信息的关键性技术装备,我国的海底地震勘探节点采集装备长期依赖进口,超过300米水深的装备技术更是受到严格限制,严重制约我国海洋油气勘探开发进程。"海脉"攻克了高灵敏度检波器和超低噪声采集电路等技术,大幅提升对微弱信号的检测能力,能够捕捉到万米地层相当于蚊子飞行声1/150大小的地震波信号,并据此描绘高清油气藏数据信息。

✥✥ 深水水下生产系统

中国更是在深水油气开发装备上实现多项自主创新。中国自主研发的深水水下生产系统在东方1-1气田正式投入使用,我国首次自主设计建造的圆筒型FPSO"海洋石油122"完成船体建造,将与"海基二号"共同服役于我国首个深水油田。

❖❖ 海上碳封存技术能力和装备体系

我国初步形成海上碳封存技术能力和装备体系。我国首个百万吨级海上碳封存示范工程——恩平 15-1 油田碳封存示范工程在珠江口海域正式投用，标志着我国初步形成二氧化碳海上注入、封存和监测的全套钻完井技术和装备体系。

❖❖ 深水多功能作业船舶

我国拥有 5 艘 3 000 米级深水多功能作业船舶（"海洋石油 285""海洋石油 286""海洋石油 287""海洋石油 289""海洋石油 291"），深水安装、调试、维修作业能力达到国际先进水平。

❖❖ 起重、铺管船序列

我国拥有 3 艘起重铺管船（"海洋石油 201""海洋石油 202""蓝疆号"）和 1 艘起重船（"蓝鲸号"），"海洋石油 201"为亚洲首艘 3 000 米级深水起重铺管船，"蓝鲸号"吊装能力处于亚洲前列。

❖❖ 建造场地及建造施工装备

场地总面积近 410 万平方米，年设计加工能力超过 75 万吨，场地和施工装备能力亚洲领先。青岛场地是亚洲最大的海洋工程基地之一，天津临港场地为我国首个海洋油气装备制造"智能工厂"。

❖❖ 挖沟作业船海床处理

"海洋石油 295"为国内首艘自主设计建造的挖沟工程船，

搭载国内首台深水犁式挖沟机和先进冲喷式柔性管缆挖沟机,挖沟能力达世界先进水平。

✤✤ 世界先进的 ROV 序列

拥有 ROV(水下机器人)装备 17 台,实现从轻型、浅水、观察级到重型、深水、作业型全覆盖,形成 1 500 米超深水作业能力,装备能力达到世界先进水平。

✤✤ 大型下水驳船序列(3 艘)

拥有 3 艘大型下水驳船("海洋石油 221""海洋石油 228""海洋石油 229"),"海洋石油 229"是目前世界上最大的导管架下水驳船之一,载重能力近 9 万吨,导管架下水能力超过 3 万吨。

✤✤ 海洋工程作业仿真装备

建成我国首个海洋工程数字化技术中心,配备专业模拟器十余套,为"深海一号"等十多个项目提供仿真预演评估支持,实现主流船舶装备半物理仿真环境全覆盖。

✤✤ 深水及水下工程应急维抢修中心及系列装备

建立国内首个深水管道应急维抢修基地,拥有适用水深 2 000 米的海管应急救援装备和常规维抢修专用设备 200 多台(套),海上油气田应急抢修能力国内领先。

✤✤ 水下产品研发测试中心及系列测试装备

建立水下产品研发测试中心,研发系列专用测试装备,配套 4 000 米超深水成套测试装备,水下"卡脖子"设备研发测试能力国内领先。

海洋工程无损检测装备

形成以 AUT、PAUT、CR 等为核心的先进无损检测装备体系，无损检测装备全面进入数字化时代。

根据海洋油气生产装备发展未来趋势——系统化、智能化，加快数字化、智能化转型，必将有力地促进我国海洋油气生产装备行业迈上新的台阶。但实现智能制造不可能一蹴而就，仍然受到诸多因素的制约，包括：智能制造需要系统思维，将在一定程度上冲击企业的发展理念；智能制造是对企业管理全流程的再造，极大地考验企业的管理水平；智能制造需大量改造和引进软硬件平台，依赖国内智能制造软硬件成熟度。因此，发展海洋油气生产装备智能制造需要不同行业间、企业内部达成充分共识，协同调动资源，共同发力，才能使我国海洋油气生产装备跃向世界第一梯队。

矿物质资源开发技术与装备

深海蕴藏着丰富的矿产资源，具有商业开采潜力的海洋固体矿产资源主要有多金属结核、富钴结壳和多金属硫化物等，由于陆地固体矿产资源的日益枯竭，深海底固体矿产资源的开发已成为世界发达国家和新兴国家的竞争热点。

深海采矿作为一项从 20 世纪 50~60 年代开始逐渐兴起的能源研究方向，虽然在经历了 20 多年的热潮，到 20 世纪 90 年代逐渐冷却下来。但作为 21 世纪最有价值的矿产资源，深海矿物的开发在进入新世纪以来，又一次成为各国海洋资源利用的主要研究方向。世界各国在这方面又开始增加投入，都希望能在海洋能源利用方面进入领先之列。深海矿物主要包括三种类型：大洋多金属结核矿、富钴结壳和海底甲烷水合物、海底热液矿床等。其中多金属结核矿和富钴结壳均含有丰富的镍、钴、锰、铜等战略金属，我国陆地金属中除镍以外，其他三种长期供应不足。甲烷水合物作为一种有望替代煤、石油等传统能源的21世纪新兴能源，其储量丰富，具有极广阔的应用前景。

经过多年的研究，深海采矿技术主要有四种：连续链斗式、管道提升式、拖斗式及海底遥控车采矿法。

✥✥ 连续链斗式采矿法（CLB法）

该法是由日本人蒙田善雄于1967年发明的。这种方法实现了海底结核矿连续开采的目标。CLB法采矿系统较简单，主要由采矿船、拖缆、索斗和牵引机组成。按一定间隔，把索斗系于拖缆上并放入海底，拖缆在牵引机的拖动下带着索斗做下行，铲取和上行动作，这种无极绳式循环运转构成了连续采集环路。

CLB法采矿系统分为单船式和双船式两种。后者旨在克服单船作业时，索斗易相互缠绕的问题，并得以基本解决。双船式作业时，两船相距1 000～2 000米，采矿船以0.01～0.5节的速度拖曳长度相当于海水深度至少三倍的环路缆索。矩形钢制索斗（斗唇为刮板式）和拖缆用于铲取含结核的沉积层。

CLB法方法简单，工作可靠性能较好，对地形的适应性能好。在开采产处于复杂地形处的结壳时，要较流体采矿法好。

✥✥ 管道提升式采矿法

管道提升式采矿法就是用提升管从采矿船连接海底集矿

机，以输送集矿机采集的矿物到海面采矿船。这种采矿系统分为水力提升式、气力提升式和轻介质提升式三种。这三种采矿系统只是提升方式不同，但采集方式相同，都必须采用集矿机，流体提升式采矿法的采集效率小于40%～60%。流体提升法是世界各国试验研究的重点。

在现阶段提出的各种深海采矿技术中，管道提升采矿被认为是最具发展前景的采矿技术，也是世界各国重点研究的方向。它主要由采矿船、提升管、矿浆泵、缓冲站、软管和采矿车组成。

水力提升式采矿法：当采矿船到达采区时，将集矿机和提升管接好并逐步放入海底。提升管内径20～60厘米，上端悬置于海面采矿船。集矿机用于采集海底沉积物中的多金属结核，在排去过大结核的同时将合格块度的多金属结核输入提升管底端。用某种方法使提升管内的水以足够的速度向上流动，进而将结核吸入到提升管并输送到海面采矿船上。

气力提升式采矿法与水力提升式采矿系统的区别就是多设一条注气管道。用压力将空气注入提升管。为便于提升，空气—多金属结核—水混合物的比重要减小。气力提升系统的提升效率为30%～35%，其优点在于动力站设在海面采矿船上，没有与水下提升系统有关的运动机件。在深海不宜使用气力提升，但可结合应用于水力提升系统，将注气口设在提升管上部300～600米处。

轻介质提升式采矿法提升原理与气动力提升完全相同，它是利用煤油作媒介，在采矿船上装有煤油、海水及多金属结核分离装置。船下有煤油压送管道及垂直运输管道，以及注

入煤油的混合室。海底集矿头利用铰链接头与管道相连,能随海底起伏作业。这种方法成本昂贵,煤油必须回收再用,污染海洋环境,达不到工业开采要求,故目前已被放弃。

❖❖ 拖斗式采矿法

该法是美国 Mero 教授于 1960 年提出的,也是目前最简单的方法。它又分为单斗式采矿法和双斗式采矿法两种。拖斗式采矿系统由采矿船、拖缆和铲斗三部分组成。

单斗式采矿法:在采矿船上,将系于钢索的拖斗放到海底,拖斗随拖船拖航来采集多金属结核矿待装满后即提出海面,卸进船上漏斗中,再通过砂系输送到运货驳船上去。在深海作业中由于单斗下降与提升速率较慢,耗时长从而使采矿成本增加,因而有人提出了双斗式采矿法。

双斗式采矿法:双斗式采矿法采用两根钢索系上拖斗,一个斗上一个斗下,采取"Z"字形路线航行,防止两斗互相缠绕,采矿效率可为单斗式的两倍。因其可利用拖斗自重,故能降低绞车的动力消耗。但该法仍不能大幅度提高采矿效率。

❖❖ 海底遥控车采矿法

海底遥控车为无人驾驶潜水采矿车,主要采用自行推进、浮力控制和压载三大系统。在海面母船的监控下,采矿车按照指令潜入海底采集金属结核,边采边排放压舱物,装满金属结核后浮出水面并到母船接收港卸下,待装好压舱物后又进行下一个作业循环。通常,海面母船可控制数台采矿车作业。采矿车配有精湛的通信与控制系统,可在不同的海底条件下进行转向、机动和采集作业。海底遥控车采矿法分为飞艇式潜水遥控车采矿法和梭车形潜水遥控车采矿法两种,是技术难度很大的一种采矿方法。

✣✣ 海底采矿车

海底采矿车是一种重要的水下作业装备,是水下采矿系统的重要组成,可携带大功率的吸取传送装置采集海底矿物。其本质上是一种能在海底稳定行走的车辆,使用编码器就能进行精确定位,无须考虑复杂的配重、控制或海流干扰。早期设计如拖曳式和阿基米德式底盘由于适应性问题已逐渐被淘汰,现在大多采用履带式底盘。这种采矿车不仅能进行海底探索,还有望成为独立的海底自主行走车,是水下科研装备的发展趋势。中国科学院的团队已研发出海底自主式行走车,并在南海进行了深海水下行走试验,通过编码器实现了高精度的定位。

美国、加拿大、德国和日本等国是较早开启水下采矿系统研究的国家。我国自20世纪90年代以来大力开展深海采矿技术研究,已经取得了丰富的成果。在采矿车方面,长沙矿山研究院有限责任公司积累了丰富的研究成果,牵头研制的"鲲龙"号具有代表意义,2019年,在2 900米的水下,成功采集了150千克的富钴结壳。2021年,上海交通大学牵头研制的重载作业采矿车"开拓一号"成功进行1 300米深海试验,验证了海底的基本运动控制功能。

✣✣ 深海提升泵

深海提升泵是深海采矿系统的关键设备,成为国际社会关注的热点问题。由于深海矿产资源所处的极端环境和深海矿产资源的特殊性,深海矿产资源的开发必须依靠能够适应

极端恶劣和复杂的深海作业环境的采矿技术和设备。其中，抽水和管道输送是目前公认的、也是唯一的方案。运输是目前公认的也是唯一通过实际海试认证的项目。提升泵是提升子系统的关键驱动力，是采矿系统的动力传输部件，对性能和稳定性有较高要求，按结构可分为离心泵、隔膜泵及容积泵等。目前，我国的深海提升泵属于高比转速离心泵类型，它具有离心叶轮和空间导叶。

综上所述，目前我国海底采矿的未来前景看起来相当广阔且充满希望，但也伴随着一系列的挑战。一是海底蕴藏着丰富的矿产资源，包括石油、天然气、铁锰结核、钴结壳等。这些资源的开采对于中国的经济发展具有重要意义。二是深海采矿技术的发展将是中国海底采矿未来前景的关键。中国在深海潜水器技术、深海钻探技术、深海资源勘探技术及深海采矿机器人等方面都取得了显著的进步。这些技术的不断创新和应用将极大地推动中国海底采矿的发展。然而，海底采矿也面临着一些挑战和风险。一方面，深海环境的复杂性和未知性使得开采难度较大，需要克服技术难题和提高装备水平。另一方面，海底采矿过程中存在的环境污染和生态破坏风险也不容忽视。我们需要加强环境保护意识，采取有效的环保措施，确保海底采矿活动的可持续性和环境友好性。

守卫海洋：铸造海上长城

> 舰船不仅是国家的海上力量，更是国家尊严和荣誉的象征。
>
> ——朱英富

军用舰船是船舶的一种类别，通常装备有武器，是在海上进行战斗活动或勤务保障的海军船只，是海军的主要装备。军用舰船还被认为是国家领土的部分，在外国领海和内水中航行或停泊时享有外交特权与豁免权。作为船舶与海洋工程专业涉及范围之一，也作为保卫国家领海领土安全的有力武器，军用舰船筑起了一条保卫国家的海上长城！

▶▶ 水上卫士：水面战斗舰艇

水面战斗舰艇对于国家安全的重要性体现在多个方面：第一，水面战斗舰艇是国家海上力量的重要组成部分，对于维护国家海洋权益具有至关重要的作用。第二，水面战斗舰艇在维护国家海上交通线方面发挥着关键作用。第三，水面战斗舰艇还参与国际维和及人道救援等任务，展现了国家的大

国担当和国际责任。

船舶与海洋工程专业在水面战斗舰艇的建设和发展中起到了支撑性作用,其重要性体现在以下几个方面:第一,船舶与海洋工程专业为水面战斗舰艇提供了先进的设计和制造技术。第二,船舶与海洋工程专业为水面战斗舰艇的维护和保障提供了技术支持。第三,船舶与海洋工程专业培养了大批具备专业知识和技能的工程人才,为国家水面战斗舰艇的建设和发展提供了有力的人才保障。

➡➡ 水面战斗舰艇的发展历史和分类方法

✣✣ 发展历史

水面战斗舰艇的发展历史可以追溯至风帆时代,当时就已经有了战列舰这类以大口径火炮攻击与厚重装甲防护为主的高吨位海军作战舰艇。它们是能执行远洋作战任务的大型水面军舰。然而,随着技术的发展和战争形态的变化,水面战斗舰艇的种类和性能也发生了显著的变化。

在19世纪末至20世纪初,战列舰曾一度是各国海军的主力。然而,在第二次世界大战中,航空母舰的崛起和潜艇的威胁使得战列舰的地位逐渐下降。同时,巡洋舰、驱逐舰、护卫舰等舰种也得到了快速发展,以满足对空、对海、反潜、对陆等多种攻击任务的需求。

冷战期间,导弹技术的引入对水面战斗舰艇的发展产生了深远影响。对空防御的需求推动了导弹上舰的进程,例如美国在20世纪50年代就开始在驱逐舰上安装对空导弹发射架。

进入21世纪,随着科技的不断进步,水面战斗舰艇的设计和性能也取得了长足的发展。隐身技术、舰型技术的创新及舰载武器系统的进步,都为现代水面战斗舰艇的发展奠定了坚实的基础。现代护卫舰大多采用隐身设计,以减少雷达和红外信号的反射,提高其生存能力。新型舰型如双体舰、三体舰等的出现,也为水面战斗舰艇的设计带来了新的思路。

✦✦ 分类方法

水面战斗舰艇的具体分类方法有多种,以下是按照不同标准的分类:

按排水量大小分类:大型水面战斗舰艇有航空母舰、战列舰、巡洋舰;中型水面战斗舰艇有驱逐舰、护卫舰等;小型水面战斗舰艇有护卫艇、鱼雷艇、导弹艇、猎潜艇等。通常,标准排水量在500吨以上的称为舰,500吨以下的称为艇。

按基本任务分类:包括航空母舰、战列舰、巡洋舰、驱逐舰、护卫舰、护卫艇、鱼雷艇、导弹艇、猎潜艇、布雷舰、反水雷舰艇和登陆舰艇等。

按航行原理分类:水面战斗舰艇可分为排水型、滑行型、水翼型和气垫型。

此外,在同一舰种中,还会根据排水量、武器装备的不同,区分为不同的舰级;在同一舰级中,又会按其外型、构造和战术技术性能的不同,区分为不同的舰型。

➡➡ 典型作战舰船

本节按照水面战斗舰艇的基本任务分类,简要介绍航空母舰、战列舰、猎潜艇几种典型的大中小型作战舰艇。

航空母舰

(1) 简介

航母的核心为舰载机,它装备多层次的作战用机,包括战斗机、轰炸机、攻击机等,并配备预警、加油、侦察等辅助飞机,大型航母可载机百余架。航母能在数百千米外发动突袭,制海半径超千公里。它主要用于攻击敌方舰艇、潜艇,打击岸上目标,支援登陆作战,并掌控作战海区的制空、制海权,同时担任反潜指挥。

航母常与其他舰只组成编队行动,包括旗舰航母、两艘巡洋舰(负责防空、反舰、反潜等作战)、2~6艘驱逐舰(扩大防卫圈,负责防空、反潜、反舰作战)、1~2艘攻击型核潜艇(警戒与作战水面或水下目标)及补给舰。编队核心为航母舰载机,其他舰艇首要任务是保护航母安全,其次支持攻击任务并搜救人员。航母编队需战略母港,含航母、系列属舰靠泊码头及舰载机维护机场。编队集防空、反舰、反潜、对岸攻击能力于一体,是海洋战场最强大力量,可统一指挥搜索、追踪、锁定、攻击数百公里内目标,实现全天候、高强度连续战斗。航母的诞生标志着海上军事力量从制海到制空、制海及对岸攻击的革命性转变。

(2) 特点

巨大的体型和排水量:航空母舰通常拥有庞大的舰体,其排水量可以从几万吨到10万吨以上,这使得它成为海上的巨无霸。

强大的舰载机作战能力:航空母舰的主要武器是舰载作

战飞机,包括攻击机、反潜机、预警机、侦察机、加油机等,其数量从几十架到近百架不等。这些舰载机提供了远程打击、侦察、反潜等多种作战能力。

先进的电子设备:航空母舰上装备了各种雷达、通信和导航设备,以确保舰载机的起降安全和作战指挥的有效性。

高度的机动性和适航性:尽管体型庞大,但航空母舰仍具有优秀的机动性和适航性,能够在各种海况下稳定航行,并快速响应作战需求。

完善的作战系统:航空母舰不仅拥有强大的舰载机,还配备了防空、反潜和火力打击等作战系统,能够执行多种作战任务。

强大的编队作战能力:航空母舰通常与巡洋舰、驱逐舰、护卫舰、潜艇和补给舰等护航舰船组成航空母舰战斗群,通过协同作战,能够发挥出更强大的作战能力。

(3)分类

航母按吨位分为:大型航空母舰(满载排水量在6万~9万吨以上)、中型航空母舰(满载排水量在3万~6万吨)和小型航空母舰(满载排水量在3万吨以下)。航母排水量通常为万余吨至8万吨左右,最大的核动力航空母舰可达10万余吨,其航速为26~35节,续航力大。

按航母所担负的任务分为:攻击航空母舰、反潜航空母舰、护航航空母舰和多用途航空母舰。攻击航空母舰主要载有战斗机和攻击机;反潜航空母舰载有反潜直升机;护航航空母舰用于为商船护航,还时常担负运输船的角色;多用途航空

母舰既载有直升机,又载有战斗机和攻击机。

按航母动力装置可分为核动力航空母舰和常规动力航空母舰。核动力航空母舰以核反应堆为动力装置;常规动力航空母舰以蒸汽轮机或燃气轮机为动力装置。核动力航空母舰战斗力强大,无须空气助燃,不排放废气,无烟囱,更换一次核燃料可以连续工作80万～100万小时,续航力巨大。但是,核动力航空母舰一次性投资大、造价高。

航母按其舰载机性能又分为固定翼飞机航母和直升机航母,前者可以搭乘和起降包括传统起降方式的固定翼飞机和直升机在内的各种飞机,而后者则只能起降直升机或是可以垂直起降的固定翼飞机。

✤✤ **战列舰**

(1)简介

战列舰是指装有多座威力很强的大口径舰炮、有很厚装甲与防雷舱的大型远洋水面战斗舰艇。其名称起源于300多年前的木帆战舰时代,当时的战舰在各层甲板的两舷都开有很多炮眼(舷门),内侧布有火炮,使用时将舷门打开,把炮口推到舷外;为了增加作战效果,在战法上往往是战舰排列成单纵队对敌舰集火射击。因此,就把这吨位大、防护好、火力强的大型主力战舰称为"战列舰"。

(2)特点

战列舰是一个庞然大物,其主要特征是"大舰巨炮"。战列舰的主要特点有:第一,排水量大。第二,舰炮口径大,射程远,数量多,威力大,多采用联装。

战列舰的主要弱点是：第一，机动性能差，自身防御手段单一。与其他类型军舰相比，战列舰每次参战都需要其他舰艇和飞机为之护航，机动性能无法与现役的巡洋舰、驱逐舰和护卫舰等相提并论。第二，维护、使用费用昂贵。一艘战列舰大约需要1 500名舰员，其各种花费巨大，设备维修和燃油开支十分高昂。第三，战列舰的作战功能可由其他武器代替，没有独具特色的作战本领。战列舰与现代战争的战略理念不相适应。现代战争的最大特点是陆海空全方位立体化的精确打击，而传统意义上的大口径舰炮已经与之不相适应。

猎潜艇

猎潜艇，又叫反潜护卫艇，是小型水面战斗舰艇，以反潜武器为核心装备。装备了先进的声呐、雷达、反潜鱼雷、深水炸弹、舰炮、电子对抗系统、指挥自动化系统及舰空导弹等现代化设备。其主要用途在于近海搜索并攻击敌方潜艇，同时执行巡逻、警戒、护航和布雷等任务。尽管猎潜艇具有较高的航速和机动性，搜索与攻击能力较强，但由于排水量的限制，其适航性不佳，续航力和自持力相对较低，防护力也相对较弱。因此，猎潜艇主要在近海以编队形式与潜艇作战。

➡➡ 典型辅助舰船

医院船

医院船是一种特殊的辅助舰船，专门负责海上伤病员及遇险者的救护、治疗和运送工作。根据1949年《日内瓦公约》的规定，医院船在水线以上的部分涂成白色，并显著地标记红十字图案，同时悬挂本国国旗和白底红十字旗，以此确保其免

受任何形式的攻击和捕拿。全船的工作人员均持有国际规定的身份证，并佩戴特定臂章作为身份识别。

医院船并不配备进攻性武器，仅装备少量轻武器，用于维护内部秩序和应对可能的强行登船行为。一旦面临更大的威胁，医院船将寻求外部支援或进行紧急撤离。

根据国际法，医院船享有不可侵犯的地位，其义务是救助交战双方的伤员，交战各方都应当尊重和保护医院船，不得对其进行攻击或俘获。

医院船的服务对象主要是伤病人员，无论是在战争状态还是非战争状态。在战争时，它主要救治海上战争的伤员；而在非战争时期，它则负责处理海上事故、自然灾害等造成的伤员，并为舰艇编队提供卫生勤务支援，甚至为边远地区的驻岛守礁部队提供医疗服务。

作为医院船，其首要任务是满足战争时海上伤员的救治需求，其次才是应对非战争时期的海上突发事件、国际救援及其他医疗服务。大型医院船是现代海军的重要象征之一。

❖❖ 综合补给舰

综合补给舰是海军舰艇系列中不可或缺的一环，其主要职责是作为海上机动作战编队的重要成员，与航母、驱逐舰、护卫舰等作战舰艇协同行动。在航行和作战过程中，它通过横向补给（即舰与舰之间的补给）或垂直补给（使用直升机）的方式，为主战舰只提供燃油、滑油、航空燃油、淡水、食品、备品、给养等必需品，以及鱼雷、水雷、炮弹、导弹武器等各类消耗物资。

综合补给舰的舰队支援能力强大,因此受到许多国家海军的青睐。事实上,补给舰的性能与数量已成为评估一个国家海军是否具备真正远洋作战能力的重要标志。然而,受限于技术水平、作战需求及设计能力,20世纪60年代以前设计建造的补给舰功能相对单一,这不仅增加了补给次数和时间,降低了补给效率,而且使得补给舰队的规模变得庞大,容易成为敌方的攻击目标,从而影响了水面作战舰艇的机动性、持续作战能力和生存能力。

❖❖ 远洋打捞救生船

远洋打捞救生船,有时也称潜艇救援舰,是用于救援失事潜艇与水面舰艇、飞机和落水人员,打捞沉没舰艇和进行其他潜水作业的海军勤务舰船。船上一般配备有声呐、深潜救生艇、潜水救生钟、减压舱、压缩空气系统和氦氮氧系统等,同时还配备有长距离通信设备和直升机起降平台等。

▶▶ 水下卫士:潜艇

潜艇对于国家安全的重要性不容忽视,其在多个方面为国家的安全和利益提供有力保障:第一,潜艇具有高度的隐蔽性和机动性,能够在敌方难以察觉的情况下执行各种任务。第二,潜艇在维护国家核威慑力量方面发挥着关键作用。搭载核弹头的潜艇可以在水下长时间潜伏,形成对敌方的有效核威慑。第三,潜艇具有强大的海上打击能力。通过搭载导弹、鱼雷等武器,潜艇可以对敌方海上目标进行精确打击,有效摧毁敌方战斗力。

船舶与海洋工程专业在潜艇的研发、建造和维护中发挥

着重要的支撑性作用：第一，船舶与海洋工程专业为潜艇的研发提供了技术支持。第二，船舶与海洋工程专业为潜艇的建造提供了关键技术和设备。第三，船舶与海洋工程专业还负责潜艇的维护和保养工作。

➡➡ 潜艇的发展历史和分类方法

❖❖ 发展历史

16 世纪，真实意义的潜艇开始出现。一些文献，如英国数学家威廉·伯恩的著作《发明与设计》，开始描述潜艇的概念。然而，潜艇的实际建造和使用还相对原始，往往只是依靠人力操作进行简单的潜水。

17 世纪，潜艇的发展有了显著的进步。1620 年，荷兰裔英国人克尼利厄斯·雅布斯纵·戴博尔制成了首艘有文字记载的"可以潜水的船只"。尽管有人对其是否能算作真正的潜艇存在争议，但它标志着潜艇技术的初步探索和实践。

18 世纪，潜艇的设计开始得到改进，并逐渐考虑到了其在水下长时间航行的能力。例如，某些潜艇开始使用压缩空气发动机或蓄电池作为动力源，这在一定程度上提高了潜艇的续航能力和隐蔽性。

19 世纪，潜艇的设计和性能得到了进一步的提升。特别是美国"霍兰"型潜艇的出现，标志着现代潜艇的诞生。该潜艇具有良好的水下航行性能和武器系统，成为当时世界上最先进的潜艇之一。其建造特征深刻影响了其后几十年期间世界潜艇的发展。

进入 20 世纪，随着两次世界大战的爆发，潜艇的战略地位得到了极大的提升。德国的 U 型潜艇在第一次世界大战中取得了显著的战绩,展示了潜艇在战争中的巨大潜力。而在第二次世界大战中,潜艇更是成为各国海军的重要武器,发挥了重要的战略和战术作用。

冷战期间,潜艇的发展进入了一个新的阶段。核动力潜艇的出现,极大地提高了潜艇的航速和续航能力,使得潜艇成为更加有效的战略威慑力量。

到了当代,潜艇的设计和性能已经达到了一个全新的高度。各种先进的潜艇不断问世,它们不仅具备更高的隐蔽性和机动性,还配备了更加先进的武器系统和电子设备,成为现代海战中的关键力量。

❖❖❖ 分类方法

潜艇又称潜水艇,是指既能在水面航行,又能潜入水下活动和作战的舰艇。其优点是隐蔽性好、机动性大、突袭能力强、自持力和续航力强,主要用于攻击敌方水面舰船和潜艇,对陆上战略目标实施常规或核打击,也可用于布雷、侦察等。

按武器装备不同,可分为鱼雷潜艇和导弹潜艇。

按动力装置不同,可分为常规动力潜艇和核动力潜艇。

按战斗使命不同,可分为战略导弹潜艇和攻击潜艇。

如何避开外界的搜索,是保持潜艇隐蔽性和提高自身生存能力的关键。敌方的飞机、水面舰艇和水下潜艇主要是通过主动或被动声呐根据潜艇产生的各种噪声来搜寻潜艇的。因此,降低潜艇的噪声传播是提高潜艇隐蔽性的主要措施。在潜艇表面粘贴消声瓦或涂以消声涂层,采用泵喷推进器代

替一般螺旋桨等措施都可有效降低其噪声辐射,在一定程度上避开声呐的搜索。

➡➡ 典型常规动力潜艇

当常规动力潜艇在水面航行时,用柴油机作为主机推进,并发电给蓄电池充电;当航行在水下时,用蓄电池驱动电机推进。这种潜艇潜行速度慢、续航力低。

✥✥ 中国早期常规动力潜艇

(1)简介

中国第二代常规动力潜艇,其设计和建造过程中充分吸收了西方发达国家常规潜艇的理念,战斗力与先进的常规潜艇相当。采用了倾斜式指挥塔围壳和流线型船体结构,还装备了高频声呐和更多的鱼雷发射管,增强了探测和打击能力。

(2)特点

艇体设计:采用先进的艇体设计和制造技术,具有较高的结构强度和耐腐蚀性能。其流线型设计有助于减少阻力,提高航行效率。

动力系统:采用柴油机和电力驱动,具备较高的可靠性和灵活性。柴油机可以提供强大的动力和续航能力,而电力系统则负责为船上的各种设备提供稳定的电源。

武器系统:装备多种先进的水下武器,包括鱼雷发射管和导弹等。这些武器的射程远、精度高,对敌方船只和水面目标构成严重威胁,配备了防御性武器装备,用于抵御来自其他水下目标的攻击。

探测与控制系统：配备先进的探测设备和控制系统，能够实现全天候、全方位的侦察和探测能力。其声呐系统能够发现附近的水下目标，并通过图像识别技术进行识别和定位，配备电子战设备，用于干扰和摧毁敌方的通信和导航系统。

隐蔽性与生存力：注重隐蔽性和生存力设计。采用低噪声推进系统和特殊的外壳材料，以降低被敌方探测到的风险。

多任务执行能力：可执行多种任务，包括情报收集、巡逻监视、打击运输船只和水面目标等。高度的灵活性和多用途性使得它能够适应不同的战场环境和任务需求。

人性化设计：注重船员的生活和工作条件改善。提供舒适的居住空间和良好的饮食保障，以确保船员的身心健康和工作积极性，配备先进的通信系统，方便船员与家人和朋友保持联系并传递信息。

环保与安全考虑：在设计和制造过程中充分考虑了环保和安全因素。采用环保材料和节能技术以减少对环境的影响并提高能源利用效率，配备安全系统和逃生机制以确保船员的安全和生存能力。

➡➡ 典型核动力潜艇

核动力潜艇以核反应堆产生的能量来推进潜艇前进，具有续航力大、航速快、吨位大等特点。核动力潜艇水下排水量通常为 5 000～30 000 吨，水下航速 20～30 节，下潜深度 300～500 米，有很强的自持力，它可以不需岸基兵力和其他舰艇的支援而能够长期在远海水面和水下独立活动。

中国早期核潜艇

(1) 简介

中国自行设计建造的第一代攻击型核潜艇,首艇于1968年开工,1970年下水,1974年服役。

(2) 特点

艇体设计:采用单壳体、流线型设计,有利于减少阻力、提高速度和机动性,注重隐蔽性和生存力设计,采用先进的声呐和探测设备及强大的武器系统。

武器系统:配备多种先进的水下武器,包括鱼雷发射管和导弹等。这些武器的射程远、精度高,对敌方船只和水面目标构成严重威胁,具备反潜和反舰能力,可执行多种任务。

推进系统:采用柴电动力推进系统,具有较高的可靠性和灵活性。

控制系统:高度自动化和智能化水平,能够迅速、准确地锁定并打击目标。其作战管理系统能够实现各种传感器信号的实时处理和武备、导航系统的自动控制功能。

人性化设计:注重船员的生活和工作条件改善,提供舒适的居住空间和良好的饮食保障以确保船员的身心健康和工作积极性,具备良好的逃生隔离舱段设计,提高了船员在紧急情况下的逃生脱险概率。

环保与安全考虑:在设计和制造过程中充分考虑了环保和安全因素,采用了环保材料和节能技术以减少对环境的影响并提高能源利用效率，配备了安全系统和逃生机制以确保船员的安全和生存能力。

▶▶ 引领科技前沿：无人船

无人船对于国家安全的重要性日益凸显，尤其在海洋权益维护、海上救援及情报侦察等方面发挥着不可替代的作用：第一，无人船在维护国家海洋权益方面发挥着关键作用。第二，无人船在海上救援行动中发挥着重要作用。第三，无人船还具备情报侦察和军事打击能力。

船舶与海洋工程专业在无人船的发展中起着支撑性作用：第一，船舶与海洋工程专业为无人船提供了坚实的理论基础和技术支持。第二，船舶与海洋工程专业为无人船的研发提供了丰富的人才储备。第三，船舶与海洋工程专业还关注无人船在复杂海洋环境下的适应性和安全性。

➡➡ 无人船的发展历史和分类方法

✦✦ 发展历史

无人船的发展历史可以追溯至多个不同的起点，其中包含了技术、军事需求及海洋探索等多个方面。

早期探索与初步研发：在早期阶段，无人船的概念和实践多源于军事需求。二战期间，美国和苏联都开始研究无人随行船只，用于搜寻敌舰和进行水下侦察任务。这些无人船主要通过遥控控制，并没有真正的自主导航能力。此外，纳粹德国也在秘密研发无人潜艇，用于布雷和其他军事任务。

自动化控制阶段：随着计算机技术的快速发展，无人船开始进入自动化控制阶段。在20世纪70年代至80年代，无人船开始引入自动化控制系统，使得它们能够在预先设定的航线上自主导航。这一阶段的无人船主要用于海洋测绘和气象观测等领域，为科学研究提供了重要的工具。

感知导航阶段：随着传感器技术的进步，无人船进入了感知导航阶段。从20世纪90年代至21世纪初，无人船通过激光雷达、相机、声呐等传感器获取周围环境的数据，实现了感知和避障功能。这使得无人船能够更加灵活地应对复杂的海洋环境，降低了碰撞和事故的风险。同时，无人船开始广泛应用于海洋科学研究、海洋监测、环境保护等多个领域。

高级智能阶段：进入21世纪后，随着人工智能和深度学习技术的兴起，无人船迎来了高级智能阶段。无人船不仅能够根据环境和任务要求作出智能决策，还能执行更加复杂的任务。这些无人船通过自主决策和任务执行能力，大大提高了其工作效率和安全性。

无人船在军事领域展现了巨大的潜力，近年来有报道称无人船被用于执行海上侦察、打击敌方目标等任务。其隐蔽性和灵活性使得无人船成为现代海战中的重要武器。无人船在海洋资源勘探、环境监测、海上救援等多个方面发挥着重要作用。未来，随着技术的不断进步，无人船有望在更多领域实现应用，如海上物流、海洋牧场等。但同时，无人船的发展也面临着一些挑战和问题。例如，如何确保无人船的安全性和可靠性、如何制定相关的法律法规等。这些问题需要在未来的发展中得到解决。

✤✤ 分类方法

无人船是一种可以无须遥控，借助精确卫星定位和自身传感即可按照预设任务在水面航行的全自动水面机器人。根据不同的分类标准，无人船可以被划分为多种类型。

一种常见的分类方式是根据无人船的功能和应用领域来划分：

无人测量船：这种无人船主要用于解决城市内河及小型湖库的水下地形、断面测量问题。它们通常设计得小巧、方便、易用，能够结合城市内河及小型湖库的水下测量工作的实际需求，采用简单、稳定、安全的手动遥控方式控制。

全自动无人采样船：这种无人船主要用于监测以前难以到达的区域，能够完成精确定点采水样。比起人工监测，无人船监测更能节省监测成本，提高监测效率，并可以到达存在潜在危险的水域，如污染区和深水区等。

应急监测无人船：这种无人船船体小巧便携，兼具自动采样与自动监测功能，可以机动灵活地实现大范围水体的水样自动采集与实时监测。它们通常被广泛应用于环保、水文、水利、水务、科研、渔政等领域。

另一种分类方式是根据无人船的智能程度来划分：

遥控无人船：这种无人船由岸基人员通过无线电和卫星通信技术，利用电脑实现对船舶的遥控。

自控无人船：这种无人船在船舶航行之前，通过电脑上预先编写的程序控制船舶，船舶起航后无须人工干预。

➡➡ 典型遥控无人船

✣✣ 气象无人艇

(1) 简介

中国气象局气象探测中心与中国航天科工集团有限公司共同开发了一款无人船气象探测系统，标志着中国在海洋气象动态探测领域取得了重大突破，填补了国内在该领域的空白。

采用先进的无人驾驶技术，能够在海上自主航行，执行气象探测任务，配备了各种气象探测设备，能够测量风速、风向、气温、水温等气象水文参数，为海洋环境监测和灾害预警提供重要数据支持。在应对海洋突发事件、海洋环境监测和灾害预警等方面，无人艇能够发挥重要作用，提高我国海洋气象探测的效率和准确性。同时，无人艇的研发也推动了中国在无人驾驶和海洋探测技术领域的进步，提升了国家的综合国力。

(2) 特点

先进的气象探测技术：配备了多种气象探测设备，能够实时测量风速、风向、气温、水温等关键气象水文参数，为海洋环境监测和灾害预警提供精准数据，实现动态情况下的气象数据测量，填补了国内海洋气象动态探测的空白。

高度自主化操作：采用先进的无人驾驶技术，可按规定航线自主航行，减少了人为操作的复杂性，提高了探测效率和精度；无人艇支持人工遥控和自动驾驶两种控制方式，可以根据任务需求灵活切换。

稳定可靠的航行能力：无人艇的船体设计具有自稳定功能，即使在恶劣的海况条件下也能保持稳定的航行姿态，确保探测数据的准确性和连续性；配备可靠的动力系统，满足长时间、大范围的海洋气象探测需求。

高度智能化的技术应用：无人艇集成了智能驾驶、雷达搜索、卫星应用、图像处理与传输等前沿技术设备，实现了对无人艇的遥测和通信，提高了探测的实时性和准确性。

灵活性与隐蔽性：无人艇小巧灵活，隐蔽性好，适用于多种环境和任务需求，包括侦察探测、环境监测、灾害预警等。

➡➡ 典型自控无人船

✣✣ 简介

设计与结构：采用流线型船体设计，这种设计不仅减小了航行时的阻力，还提高了航行效率。船体材料经过精心选择，具有轻质且耐腐蚀的特性，使得无人艇能够适应各种复杂的海洋环境。同时，其模块化设计使得无人艇可以根据任务需求进行快速配置和调整。

自主航行能力：具备高度自主化的航行能力。搭载了先进的自主导航系统，能够利用卫星定位、惯性导航等多种手段进行精确定位和导航，配备了避障系统和环境感知系统，能够在航行过程中实时感知周围环境的变化，并自主调整航线和速度，以避免碰撞和确保航行安全。

任务执行能力：具备多样化的任务执行能力。搭载各种传感器和探测设备，如雷达、声呐、摄像头等，用于执行海洋环境监测、目标搜索与跟踪、情报收集等任务，还可以根据任务需求搭载不同的载荷模块，如武器系统、通信中继设备等，以执行反潜、反水雷、通信中继等作战任务。

智能化与通信能力：配备了高性能的计算机处理系统和通信设备，能够实现与其他舰艇、飞机或地面指挥中心的实时信息交换和共享。通过智能化数据处理和分析，无人艇能够自主完成复杂的决策和判断，提高了任务执行的效率和准确性。

应用前景：在多个领域具有广阔的应用前景。在军事领域，可以用于执行海上侦察、巡逻、打击等任务，提高海军作战的灵活性和效能。在民用领域，无人艇可以用于海洋资源调查、环境监测、海上救援等方面，为海洋经济发展和海上安全提供有力支持

✥ 特点

高度自主化航行：搭载了先进的自主导航系统，能够实现全自主航行，无须人工干预即可完成复杂的航行任务。配备环境感知系统和避障系统，能够实时感知周围环境变化，自主调整航行轨迹，确保航行安全。

出色的任务执行能力：具备多样化的任务载荷搭载能力，可根据不同任务需求搭载各种传感器、探测设备和武器系统。可执行海洋环境监测、目标搜索与跟踪、情报收集等任务，也可参与反潜、反水雷等作战行动。

智能化决策与处理能力：搭载高性能计算机处理系统，能够实现复杂的数据处理、分析和决策，提高任务执行的效率和准确性。通过智能化算法和机器学习技术，无人艇能够不断优化航行策略和任务执行方式，适应不同的海洋环境和任务需求。

强大的通信与信息处理能力：配备先进的通信设备,能够实现与其他舰艇、飞机或地面指挥中心的实时信息交换和共享。无人艇能够接收并处理来自其他平台的指令和数据,实现协同作战和信息共享,提高整体作战效能。

适应性强与灵活性高：无人艇具有较小的体积和灵活的航行能力,可轻松进入复杂海域或狭窄航道,执行精确的任务。

高可靠性与长续航能力：无人艇采用高品质的材料和先进的制造技术,具有较高的结构强度和耐腐蚀性,能够在恶劣的海洋环境中长时间稳定运行。配备大容量电池或燃油系统,确保无人艇具有较长的续航能力和自持力,满足长时间、远距离的任务需求。

逐梦海洋：铺就成才之路

建设海洋强国，我一直有这样一个信念。

——习近平

▶▶ 船舶与海洋工程的专业图谱

船舶与海洋工程专业属于工学中的海洋工程类，是研究各类船舶与海洋工程的设计、性能、结构、建造等的学科。一级学科船舶与海洋工程，包含船舶与海洋结构物设计制造、轮机工程、水声工程、深海技术与装备、海洋智能与无人技术等五个二级学科。船舶与海洋工程是一个多学科交叉的领域，主要培养从事船舶设计、研究、试验等方面的领军型工程技术人才。其研究对象不只是船舶，还包括各种海上运载器，如海上移动固定建筑结构、水面船舶、水下潜器、水面浮台等。在新的历史时期，世界海洋装备科技与产业的发展聚焦在了"绿色"和"智能"两个重点方向，"深海"和"极地"已成为世界海洋装备科技与产业发展的"新增长点"。（图11）

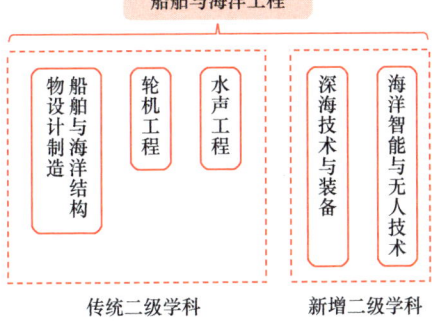

```
                    船舶与海洋工程
        ┌─────────────────┼─────────────────┐
    ┌───┴───┬───────┬─────┐   ┌────────┬────────┐
    │船舶与 │       │     │   │        │海洋智能│
    │海洋结 │轮机   │水声 │   │深海技术│与无人  │
    │构物设 │工程   │工程 │   │与装备  │技术    │
    │计制造 │       │     │   │        │        │
    └───────┴───────┴─────┘   └────────┴────────┘
         传统二级学科                新增二级学科
```

图 11 船舶与海洋工程专业图谱

➡➡ 船舶与海洋结构物设计制造

船舶与海洋结构物设计制造主要研究解决各类船舶与海洋结构物的总体论证、系统分析、环境载荷及动力响应、可靠性理论、风险评估、运动性能及新船型开发等问题，涵盖了船舶与海洋结构物的设计、制造、性能优化等多个方面，是船舶与海洋工程领域的重要组成部分。该领域涵盖了船舶、海洋平台、潜器的设计原理、性能预报、结构设计、建造法规和规范、操纵与控制、智能航行、结构可靠性与强度校核，以及该领域的基础理论和专门知识等。这个领域的前景是非常广阔的，特别是在潜水器、水下作业系统和水下技术等方面。该学科涉及船舶与海洋结构物的总体设计、结构设计、性能分析、强度与振动控制等多个方面。例如对高性能、高附加值船的船型研究。

船舶与海洋结构物设计制造是一个高度专业化和技术密集的领域，与本专业联系最紧密的就是船舶工业。船舶工业是现代工业的集大成者，被称为"综合工业之冠"，在国民经济

116个产业部门中,船舶工业对其中的97个产业有直接消耗,关联面达84%,其中尤以机械、冶金、电子等行业最为密切。这个领域不仅要求深厚的理论知识,还需要丰富的实践经验和创新能力;在设计阶段,工程师必须考虑到船舶和海洋结构物在复杂海洋环境中的稳定性、耐久性和安全性;制造过程则涉及高精度的加工技术和严格的质量控制。随着全球海洋活动的增加,这个领域的专业人才需求也在不断增长,我国在该领域发展突飞猛进。我国将海洋工程装备和高技术船舶作为十大重点发展领域之一,明确了未来十年的发展重点和目标,这对于维护国家海洋权益、加快海洋开发、保障战略运输安全及促进国民经济持续增长具有重要意义。

➡➡ 轮机工程

轮机工程主要研究船舶上所有用来驱动、控制、调节及维护船舶全部动力系统的机械、电子、自动化与管理部分。作为一门专注于船舶机电设备和动力装置的学科,轮机工程承担着研究和发展船舶主机、辅机设备及其系统的重要任务,这一领域不仅要求深厚的理论知识,还要求实践能力和创新能力,以适应海洋运输行业的发展需求。轮机工程师需要掌握船舶动力装置的制造、安装、运行、维护和管理的知识和技能,同时具备机械设计、电气工程、控制工程、海洋环境科学等方面的综合知识。他们负责确保船舶动力系统的高效和安全运行,对船舶的推进装置进行系统性的分析和优化。此外,轮机工程还涉及船舶电力系统和甲板机械的理论和工程应用,轮机工程师在船舶设计、制造、维修和管理方面发挥着关键作用。同时,轮机工程是一种综合性工程技术学科,对海洋运输、船舶设计制造及资源的合理利用具有重要的价值和深远的意义。它涉及机械、生物、信息、电子和管理等多个科学技术领域,旨在提高船舶动力装置的效率和可靠性,确保海上运输的安全与高效。轮机工程专业不仅要求学生掌握理论知识,还强调实践能力和创新能力的培养,以适应海洋运输行业的发展需求。该专业的毕业生通常负责船舶所有机电设备和动力装置的管理,包括操作、维护、检测和修理等工作,这些工作对于保障船舶正常运行至关重要。轮机工程专业的优势在于其专业性强,培养方向明确,被中华人民共和国教育部列为交通行业的主干专业之一。毕业生的就业方向主要是海上轮机的检测、维修及控制和陆地船舶设计制造,涉及机械、重工、制造、海洋、进出口贸易、环保、建筑、军事等多个领域。

轮机工程专业需要学习一系列基础和专业课程,包括但不限于工程力学、工程流体力学、轮机热工、电工学、轮机工程材料、机械设计基础、船舶防污染技术等。这些课程旨在培养学生的数理逻辑能力和综合分析能力,为他们未来在海洋工程领域的职业生涯打下坚实的基础。参与实验实习、生产实习和毕业设计等实践教学环节,这些环节有助于将理论知识应用于实际工作场景中,提高实践能力和创新能力。全国开设该专业的主要院校如大连海事大学、武汉理工大学等国家重点高校,在轮机工程领域有较强的师资力量和科研实力,为学生提供了优质的教育和学习环境。此外,该专业的未来应用场景包括新型船舶与海洋工程装备的需求增加,如深水钻井平台、深水疏浚船等,这些装备对轮机系统的设计、制造和维护提出了更高的要求。智能化技术的引入,如智能导航系统、智能监控系统等,也为轮机系统的优化设计、运行管理和

故障排除提供了有效的支持。该专业在推动航海事业发展、保障海洋运输安全及促进海洋资源合理利用等方面发挥着不可替代的作用。

➡➡ 水声工程

水声工程是一门综合性极强的学科，它涉及声学、电子学、计算机技术、信号处理和控制理论等多个领域。这个专业的任务是利用声波在水下的传播特性，来设计、建造和使用水声设备和系统，以实现水下目标的探测、识别、定位、跟踪和通信。在海洋经济、海洋开发和海洋安全等国家重大战略需求中，水声工程发挥着至关重要的作用。专业人才在这个领域内需要掌握水下物理场、水下声信息处理、声呐系统设计、水声目标定位与识别、海洋信息智能感知和噪声控制等高科技知识。水声工程是一门研究水下声波传播、探测、通信和处理的工程学科，它在国防和民用领域都有着极其重要的作用。在国防领域，水声工程技术被广泛应用于潜艇的隐蔽性提高、水下目标的探测和跟踪，以及海洋环境的监测。这些技术对于提高海军的反潜能力和确保国家安全至关重要。在民用方面，水声工程技术同样发挥着巨大作用，如在海底地质勘探、石油资源开发、渔业资源评估及海洋环境保护等方面。通过水声信号的分析，可以对海底的地质结构进行精确的测绘，对海洋生物的分布和行为进行监测，以及对海洋环境的变化进行实时的跟踪。

水声工程主要研究内容包括水声信号处理、水声通信、水声探测与定位、水声换能器与基阵设计等方面，是海洋技术、船舶与海洋工程及信息科学的一个重要分支。作为一门科学技术学科，不仅对国防安全和经济发展有着不可或缺的作用，也对环境保护和海洋科学研究有着重要的贡献。它的内容丰富、价值巨大、意义深远，是当今和未来社会发展不可忽视的关键领域。总的来说，水声工程专业的毕业生在海洋探测、海洋信息处理、海洋工程等方面的工作中，具有广阔的就业前景和发展空间。可以在声呐系统设计、水声通信、海洋探测和海洋信息处理等多个方向发展。可以在国家科研机构、高校、船舶、兵器等企业中找到职位。也可以在海洋信息技术开发应用、海洋信息系统及相关领域从事科学研究、工程设计和应用研究等工作。主要职责包括海洋监测设备的设计、建造、测试和维护，海洋预报系统的设计、建造、测试和维护，以及海洋资源开发设备的设计、建造、测试和维护。

➡➡ 深海技术与装备

深海技术与装备主要研究对深海环境和资源的调查、勘探和开发利用所需的先进技术和专门设备，涵盖了深海探测、资源开发、科学考察等多个方面，是深海安全保障、资源开发和科学研究三大领域的重要支撑。由于深海环境的特殊性，包括高压、黑暗、低温、缺氧及海水的腐蚀性和破坏性，深海技术与装备必须具备高度的专业性和可靠性。深海技术与装备是海洋科学研究和资源开发的关键领域，涉及一系列先进的技术和系统，用于探索和利用地球上最后的边疆——深海。这些技术包括但不限于深潜器、水下机器人、声学定位和映射系统，以及用于采集科学数据和样本的各种仪器。随着科技的进步，深海技术正在迅速发展，使得人类能够更深入地探索海洋，发现新的物种，了解海洋生态系统的复杂性，以及开发

深海中的矿产资源如稀土元素和多金属结核。例如，我国在深海技术与装备领域的发展尤为迅速，国家重点研发计划"深海和极地关键技术与装备"重点专项就是一个明显的例子。项目旨在突破深海运载、探测、战略资源开发等核心共性关键技术，推动我国在深海领域的发展能力。

深海技术涵盖多个领域，如潜水技术、勘探技术和资源开发利用技术等。其中，潜水技术是实现深海探索的基础，包括载人潜水和无人潜水技术。勘探技术则涉及对深海地质、生物和化学资源的探测和评估，例如利用声呐技术进行海底地形测绘和资源勘探。资源开发利用技术则关注如何从深海环境中有效、安全地提取和利用资源，如深海矿产开采和海洋生物资源的利用。深海装备方面，包括深海潜水器、深海空间站、水下机器人及探测和采样设备等。这些装备需要承受极端的深海环境，同时执行复杂的任务。例如，深海潜水器可以携带科学家进入深海进行直接观测和试验，而水下机器人则可以执行长时间、大范围的自动勘探和监测任务。总的来说，深海技术与装备是探索和开发深海资源的重要工具，它们的发展水平直接反映了国家在海洋科技领域的综合实力。随着人类对深海认识的加深和技术的进步，深海技术与装备将继续向更高端、更智能的方向发展，为人类的海洋事业作出更大的贡献。

➡️➡️ 海洋智能与无人技术

海洋智能与无人技术是一个充满挑战和机遇的前沿交叉学科，融合了海洋工程、人工智能、无人系统等多个前沿领域，主要研究海洋环境中智能无人系统的设计、开发、应用及相关的技术与管理问题，涵盖了海洋无人航行器、海洋无人探测与作业装备、海洋无人系统信息感知与融合、海洋无人系统自主决策与控制、海洋无人系统集群协同作业等多个研究方向，旨在推动海洋工程领域的智能化、自主化和无人化发展，提高海洋活动的效率、安全性和可持续性，广泛应用于海洋科学研究、资源开发、环境监测、灾害预警与应对等领域。海洋智能技术主要包括海洋大数据处理与分析、海洋环境智能感知与识别、海洋智能决策支持系统等。这些技术能够实现对海洋环境的全面监测和数据的实时分析，为海洋科学研究提供有力支持，同时也有助于提升海洋资源开发和环境保护的智能化水平。

海洋智能与无人技术是当前科技发展的前沿领域，涉及海上无人系统的研究和应用，这些系统在未来的海洋探索和利用中扮演着越来越重要的角色。无人技术则涵盖了无人水面艇、无人潜航器等多种类型。这些无人平台可以搭载各种传感器和设备，执行海洋环境监测、资源勘探、水下考古等复杂任务。无人技术具有长时间工作、高风险区域作业、降低人员成本等优势，正逐渐成为海洋领域的重要力量。随着人工智能和机器学习技术的进步，海上无人系统的发展已经成为世界各国海上竞争的新高点。这些系统不仅能够执行复杂的任务，而且具有无人化、智能化、自主性等特点，使其在国家和国防安全方面发挥着重要作用。例如，无人水面艇（USV）、无人水下航行器（UUV）和水下无人预置系统等，都是现代海洋无人系统的典型代表。这些平台装备能够在人工智能技术的支持下执行多样化的任务，如海洋环境监测、海底资源勘探、海上搜救和军事侦察等。国内外的研究机构和企业正在加大投入，开展海上无人系统装备和技术方面的研究，以提高这些

系统的性能和应用能力。未来，海上无人系统将朝着更加智能化、自主化的方向发展，不仅能够提高海洋作业的效率和安全性，还将推动海洋科学的进步和海洋经济的发展。

　　海洋智能技术又称为智慧海洋技术，是一种集合了大数据、云计算、物联网、人工智能等高新技术的综合体，旨在提升海洋产业的数字化、智能化和信息化水平。这些技术的应用不仅能够优化海洋资源的开发，提高海洋环境的监测和管理效率，还能够促进海洋科学的研究和探索。例如，智能敏捷海洋立体观测仪项目，就是一个利用智能化技术来解决海洋观测难题的典型案例。该项目通过无人系统母船"珠海云"作为多种无人装备的运载工具和控制中心，能够快速部署并形成立体协同观测网，从而实现对海洋环境的高时空分辨率观测。海洋智能技术主要包括海洋大数据处理与分析、海洋环境智能感知与识别、海洋智能决策支持系统等。这些技术能够实现对海洋环境的全面监测和数据的实时分析，为海洋科学研究提供有力支持，同时也有助于提升海洋资源开发和环境保护的智能化水平。在海洋大数据的处理方面，智慧海洋技术也显示出其独特的优势。海洋大数据的特征包括多源广域、多学科、多模态存在、多时效产生，以及巨大的数据价值。智能分析技术能够对这些数据进行清洗提炼、标准处理、质量评估和不确定分析，从而为海洋环境预测、资源开发等提供支持。智慧海洋的建设不仅涉及海洋综合传感网络、海洋信息通信传输网络、海洋大数据云平台的建设，还包括海洋信息智能化应用服务和海洋技术装备的发展。这些构成要素共同作用，能够有效解决复杂的海洋信息整合问题，提高海洋管控与开发方式，提高海洋经济发展的质量。

▶▶ 中国船舶与海洋工程专业的水平情况

中国船舶与海洋工程专业在世界上所处的水平是相当高的,根据多个权威排名,如 2023 年世界一流学科排名和 2023 年软科船舶与海洋工程学科世界排名,中国的大学在该专业领域占据了多个领先位置,特别是上海交通大学、哈尔滨工程大学和大连理工大学占据了世界前三甲的位置,充分展示了中国在该领域的强大教学和研究实力。中国的船舶与海洋工程专业不仅涵盖了传统的船舶设计和建造,还包括了海洋工程、海洋资源开发等前沿领域。学科排名的评价体系包括教学质量、科研成果、高层次人才培养等多个方面,反映了中国高校在这一领域全面而深入的发展。

此外,中国在船舶与海洋工程领域的发展历史悠久,积累了丰富的经验和技术。近年来,随着中国海洋经济的不断发展和"一带一路"倡议的推进,该领域得到了更多的重视和投入,进一步提升了中国在全球船舶与海洋工程领域的地位。

➡➡ 历史和传承

我国船舶与海洋工程专业的发展历史与我国的海防事业密切相关,1949 年中华人民共和国成立后,海防建设经历了初步建立、发展、改革开放新时期的发展,直至今日的现代化进程。在这一过程中,我国海军由弱到强,逐渐形成了陆、海、空一体化的海防体系,有效地捍卫了国家的领土、领空和领海安全。中华人民共和国成立初期,海防建设主要是为了反击外来侵略和捍卫海疆主权。随着时间的推移,海防建设不仅仅是军事上的需要,更是国家发展战略的重要组成部分。自

中华人民共和国成立以来,我国船舶工业经历了从废墟中起步到成为世界造船大国的转变。在初期,我国依靠外部援助,特别是苏联的技术支持,开始了现代船舶工业的奠基发展。1953年,我国政府与苏联政府签订了海军订货协定,引进了苏联军用舰艇制造技术,为我国船舶工业的起步奠定了基础。随着1961年至1978年的自力更生阶段,我国船舶工业开始摆脱对外部技术的依赖,实现了从无到有,从外部依赖向自成体系的历史跨越。这一时期,我国不仅成功研制出核动力潜艇和导弹驱逐舰等先进舰艇,还建立了相对完整的船舶工业体系。改革开放后,我国船舶工业迎来了快速发展的新时期。市场活力被释放,船舶工业从计划经济走向市场经济,由国内市场走向国际市场。我国船舶工业的整体规模进入世界大国行列,国际竞争力达到世界一流水平。这一时期,我国船舶工业不仅在规模上实现了跨越,更在技术和管理上取得了重大进步,基本形成了船舶现代科技创新体系,初步建立了现代高水平的船舶工业体系。进入21世纪,我国船舶工业已经成为世界上最重要的船舶制造国之一。2000年以后,我国船舶工业突飞猛进,商船船队数量稳居世界第一的位置,并成为世界第一造船大国,这一成就是我国船舶工业自力更生、创新发展的结果。同时,我国海军开始着手建设航母编队,标志着我国海防的现代化建设迈入了一个新的阶段。2017年,我国首艘国产航母下水,我国海军的战略转型发展迈出了重要一步。如今,从近海防御到远洋护卫,我国海军的发展战略正在经历深刻的变革。这种转变不仅是对传统海防观念的挑战,也是对我国海军实力的一次全面提升。我国海军的现代化建设,不仅仅是舰艇的数量和质量,更重要的是整体作战能力的提升和战略思维的进步。在这一发展过程中,我国海军装备科研生产的主体力量——中国船舶集团有限公司的发展历程,正是我国海军 70 年发展的一个缩影。中国船舶集团有限公司的发展,从近海防御开始,逐步走向深远海的战略目标。这一转变,不仅是技术和装备的革新,更是战略思维和国家安全观念的更新。今天,我国船舶工业正站在新的历史起点上,面向未来,继续推动产业的转型升级,追求高质量发展。以下是中国船舶与海洋工程专业发展的一些关键阶段和里程碑事件:

❖❖ 起步阶段(中华人民共和国成立初期)

中华人民共和国成立后,船舶工业成为国家重要的战略性产业。为了满足国防建设和经济发展的需要,中国开始大力发展船舶工业,并着手建立自己的船舶与海洋工程专业教育体系。

初期,中国主要依赖苏联的技术援助来建立船舶工业基础,并派遣留学生到苏联等国家学习先进的船舶设计与制造技术。

❖❖ 自主发展阶段(20 世纪 60 年代至 70 年代)

20 世纪 60 年代开始,中国船舶工业进入自主发展阶段。国内高校和科研机构开始独立培养船舶与海洋工程专业人才,并逐渐形成了具有中国特色的教学和科研体系。

在这一时期,中国成功研制出多型军用舰艇和民用船舶,标志着中国船舶工业从仿制走向自主设计和制造的新阶段。

✣✣ 改革开放与快速发展阶段（20世纪80年代至今）

改革开放后，中国船舶工业迎来了快速发展的机遇。随着市场经济体制的建立和对外开放政策的实施，中国船舶工业开始融入国际市场，与国际先进水平接轨。

船舶与海洋工程专业教育也得到了极大的推动。高校纷纷扩大招生规模，提升教学质量，加强与国际高校和科研机构的合作与交流。

进入21世纪，中国船舶工业在多个领域取得了重大突破，如深水钻井平台、大型液化天然气船、豪华游轮等高端产品的研发与制造。这些成就充分展示了中国船舶与海洋工程专业的高水平和发展潜力。

✣✣ 创新引领与绿色发展阶段（近年来）

近年来，随着全球环保意识的提升和绿色发展战略的实施，中国船舶与海洋工程专业开始注重绿色、智能、安全等方面的发展。

国内高校和科研机构在船舶节能减排技术、新能源船舶、智能船舶与无人航行系统等领域进行了深入研究与创新实践，为推动中国船舶工业的转型升级和可持续发展作出了重要贡献。

综上所述，中国船舶与海洋工程专业经历了从起步、自主发展、快速发展到创新引领与绿色发展的历史进程。如今，该专业已在中国形成了完善的教育体系、科研体系和产业体系，为推动国家经济发展、国防建设和海洋强国战略的实施提供了有力支撑。

➡➡ 现状和发展

随着全球经济的腾飞和海洋产业的崛起,船舶与海洋工程专业得到了前所未有的重视,在全球范围呈现出蓬勃的发展态势。在中国,该专业已经成为高校开设的热门专业之一,吸引了大量优秀学子报考。同时,随着"一带一路"倡议的深入推进,海洋产业已成为国家战略的重要支撑,船舶与海洋工程专业也因此受到高度重视。此外,国际的合作与竞争也促进了船舶与海洋工程专业的发展,推动了海洋工程技术的全球进步。我国船舶行业经历了从传统造船到现代化、智能化的转型,当前造船完工量、新接订单量、手持订单量三大指标保持全球领先,特别是在高端装备制造和绿色动力船舶的研发方面,我国船舶行业取得了显著的突破,新接订单中绿色动力船舶的比例达到了历史最高水平。我国船舶行业的发展不仅体现在产量和市场份额的增长上,还体现在产业结构的优化和产品质量的提升上。我国船企通过加强生产管理和成本控制,提高了船舶的交付效率和质量,同时也在新船订单的质量上持续提升,特别是在大型LNG船领域取得了重大突破,新接大型LNG船订单的国际市场份额首次超过30%。然而,我国船舶行业在发展的同时也面临着一些挑战。例如,国际市场需求的变化、原材料成本的波动及汇率变化等风险,都可能对行业的稳定发展造成影响。此外,随着国际海事组织对船舶能效和排放标准的不断提高,我国船舶行业需要进一步加强研发投入,以满足更严格的环保要求。

我国船舶与海洋工程专业的现状如下:

❖❖ 教育体系完善

中国已经建立了一套完整的船舶与海洋工程专业教育体系，涵盖了本科、硕士和博士等多个层次。众多高校开设了相关专业，并配备了先进的教学设施和实验室。船舶与海洋装备领域高校有 40 多所，师生数量超过世界其他造船国家的总和，世界上一半以上船舶行业人才由中国培养，我国在船舶与海洋工程装备领域的教育和人才培养方面具有显著的全球影响力。这不仅展示了我国在这一领域的教育资源的深度，也反映了其对于培养高质量工程技术人才的重视。事实上，全球一半以上的船舶行业专业人才都是由我国的教育体系培养出来的，这对于推动全球船舶行业的发展起到了关键的作用。我国的这些高校不仅提供理论知识，还强调实践和创新能力的培养，许多学校与船舶企业建立了紧密的合作关系，使学生能够在学习期间就接触到最前沿的技术和市场需求。通过这种方式，我国的船舶与海洋工程装备教育不仅为国内市场培养了大量人才，也为全球船舶行业的持续发展贡献了力量。

❖❖ 科研实力强大

国内高校和科研机构在船舶与海洋工程领域拥有强大的科研实力。他们不仅承担了大量国家级科研项目，还取得了许多重要科研成果，推动了行业技术的进步。船舶与海洋工程装备领域研究院所和试验设施的配套齐全程度超过美俄，数量和规模超过欧洲总和。中船集团是全球最大、专业最齐全、科技人员数量最多、研究试验条件最完备、海洋装备设计制造覆盖面最宽的造船集团之一。近 5 年全球设计船舶吨位数最多的前 8 名设计公司中，中船集团占 3 家，这一成就反映了我国在海洋工程技术和船舶制造领域的快速发展。我国政府已经实施了一系列政策措施，旨在进一步提升船舶与海洋工程装备产业的竞争力，这包括加快建设世界级先进制造业集群，推进重大项目建设，搭建产业链供应链集成平台，以及培育船舶与海洋工程品牌等策略。我国的船舶与海洋工程装备领域也在技术创新能力上取得了突破，特别是在高技术船舶、高端海洋工程装备、绿色智能船舶、特种船舶、深海锚泊及动力定位控制系统等重点领域。我国的研发能力显著增强，形成了涵盖船舶基础科学、船舶设计、新型动力与船用配套设备研发等全链条科研技术能力。我国船舶与海洋工程装备领域的研究试验设施不仅数量众多，而且技术先进，这为我国船舶与海洋装备技术与制造业的高速发展提供了有力支持。

❖❖ 产业基础雄厚

我国建成了完备的造船基础设施，海洋装备制造业的规模达到世界第一。我国船舶工业经过多年的发展，已经形成了完整的产业链和强大的产业基础。这种基础设施的完备不仅为我国的海洋科学研究和防御能力提供了坚实的支撑，也为全球海洋工程项目和海上运输业务提供了重要的服务和产品。我国的造船业之所以能够取得如此巨大的成就，得益于国家的长期规划和投资。政府对于船舶工业的支持包括财政补贴、税收优惠和研发资金的投入，这些都极大地促进了技术创新和产能扩张。此外，我国的船舶工业还受益于其庞大的国内市场需求，以及对外贸易的持续增长。我国的船舶企业不仅在数量上有所增加，其产品的质量和技术含量也在不断提升。从传统的货船、油轮到高技术含量的液化天然气船舶

和海洋工程装备，我国的船舶工业正向更高端的市场领域迈进。这些高技术产品的开发，需要复杂的设计工作、精密的制造过程及严格的质量控制，而我国的船舶工业已经展现出在这些方面的强大能力。环保标准的提高和全球航运业的绿色转型，也为我国的船舶工业带来了新的发展机遇。我国的船舶企业正在积极研发更加环保的船舶设计，以减少船舶运营过程中的碳排放。这些努力不仅符合全球航运业的可持续发展趋势，也有助于提升我国船舶产品在国际市场上的竞争力。

船舶与海洋工程专业的发展趋势如下：

✥✥ 智能化和绿色化

随着科技的不断进步，智能化和绿色化已经成为船舶与海洋工程发展的重要趋势。未来，该专业将更加注重智能船舶、无人航行系统及节能减排技术的研究与应用。船舶行业的智能化和绿色化发展是当前全球关注的热点。所谓"绿色"，指的是在开发和利用海洋资源的过程中，采取环保的方法和技术，减少对海洋环境的破坏，实现可持续发展。而"智能"则涉及利用现代信息技术，如人工智能、大数据、云计算等，提高海洋装备的自动化和智能化水平，以提升效率和安全性。智能化通过技术创新，使海洋装备能够更好地适应复杂多变的海洋环境。智能传感器、无人潜水器、自动化导航系统等，都是智能海洋装备的代表。这些技术的应用，不仅可以提高数据收集的精确度和效率，还能在恶劣天气或极端环境下保障作业的安全性。智能化不仅提高了船舶的操作效率，还通过高级的导航系统和自动化技术，提升了航海安全性。绿色化则关注于减少环境污染，特别是减少温室气体排放，以应对全球气候变化的挑战。这一转变涉及新型燃料的使用,如液化天然气和生物燃料,以及利用太阳能和风能等可再生能源。此外,船舶设计的优化也在不断进步,以提高能源效率和减少阻力。智能化和绿色化的结合,不仅有助于保护环境,也为航运业带来了新的商业机会和增长点。随着技术的不断进步和国际法规的日益严格,预计未来几年这一趋势将继续加强。船舶行业的这一转型,是对未来可持续发展的积极响应,也是全球经济发展中不可或缺的一部分。这两个方向不仅反映了全球对环境保护和科技进步的重视,也代表了海洋科技发展的未来趋势。随着全球气候变化和环境保护意识的提高,绿色海洋装备成为研究和投资的热点。例如,绿色船舶设计旨在减少能源消耗和排放,通过使用新型材料、优化船体结构、采用清洁能源等措施,来降低船舶对环境的影响。此外,海洋可再生能源,如潮流能、波浪能和海洋热能转换技术,也在不断发展,为海洋装备提供了新的动力来源。

✤✤✤ 深海和远洋开发

随着全球海洋资源的日益紧张,深海和远洋开发将成为未来的重要方向。船舶与海洋工程专业将致力于研发更先进的深海勘探和开发装备,以满足国家对海洋资源的需求,我国在海洋装备科技创新方面的发展条件确实前所未有的优越。近年来,我国在海洋科技创新平台建设上取得了显著进展,培育了一批自主海洋仪器设备企业和知名品牌,显著提升了海洋产业和沿海经济的可持续发展能力。例如,"蛟龙"号、"深蓝一号"、"蓝鲸一号"等大型海洋装备在多个方面实现了创新突破。此外,自主研发制造的抗台风型漂浮式海上风电机组

在广东并网发电,首套浅水水下采油树系统在渤海海试成功,这些成就都标志着我国海洋高端装备研发制造能力的进一步提升。这不仅为巩固蓝色经济、实现能源安全保驾护航,也为全球海洋科技创新贡献了中国智慧和中国方案。然而,我国海洋装备制造起步较晚,仍面临发展滞后、重复投资、部分设备依赖进口等问题。在"十四五"时期,我国加快建设海洋强国的步伐,进一步发展壮大海洋装备制造,推动海洋科技实现高水平自立自强。这要求不遗余力增强海洋科技自主创新能力,从"造外壳"走向"做大脑",从集成创新迈向自主创新。在这一过程中,中国工程科技论坛——海洋装备发展战略论坛等平台发挥了重要作用,汇聚了来自全国的专家学者,共同探讨海洋装备新理念、新技术、新战略,为海洋装备科技创新提供了交流和合作的机会。中国海洋装备工程科技发展战略研究院等机构在海洋装备领域的工程科技智库建设中也起到了关键作用。这些机构不仅在国家海洋装备工程科技领域开展了大量战略研究,为国家、地方、行业相关决策提供了广泛支撑,还通过定期发布《中国海洋装备发展报告》等蓝皮书,反映了我国在科技创新和变革中海洋工程科技发展的大集合,为海洋装备行业相关人员提供了权威资讯产品。展望未来,我国海洋装备科技创新的发展条件将更加成熟。人工智能等新一代信息技术在海洋装备领域的应用将加速突破,数字化等先进制造技术将推动海洋装备向智能化、服务化转型。同时,碳中和、生态文明建设等将引发海洋装备绿色化的深刻变革。这些都是我国海洋装备科技创新发展的新机遇和新挑战,需要全社会共同努力,共同推动海洋科技革命,研发深海资源开发利用的新理念、新思路、新方法、新技术、新装备,为实现海洋强国梦想贡献力量。

✦✦✦ 极地资源开发

随着全球变暖、冰区技术的进步和交通工具的改善,极地与包括我国在内的外部世界的经济、政治、文化和安全联系变得日益广泛,直接关乎各国利益和人类未来。极地自然资源丰富,开发利用前景广阔。资源禀赋的多寡,日益成为一个地区是否具有潜在价值的重要筹码。极地是冰雪覆盖的高纬度地区,蕴藏着足以影响未来世界能源格局乃至经济力量对比的自然资源。据美国地质调查局统计,北极圈内已探明并可用现有技术进行开发的石油储量约为900亿桶,占世界未探明石油储量的13%;天然气储量约为1 669万亿立方米,占世界未探明储量的30%;液化天然气约为441亿桶,占世界未探明储量的20%。南极地区以雪和冰的形式存储着全球70%的淡水,还有储藏量巨大的磷虾等众多生物资源,对全球生态安全和人类永续发展意义重大。

极地航运价值极高,事关全球能源通道安全。据北极理事会估计,北极地区从2030年起可能因大范围融冰出现西北、东北两条北极航道,这将成为欧亚、欧美之间最短、最便捷的水上运输要道之一,具有巨大的国际航运价值。任何始发港口在北纬30度以北的远洋航行,与通过苏伊士运河或巴拿马运河的传统航线相比,通过北极航线航行将至少缩短40%的航程,不仅可以节约油料成本、缩短通航时间,更重要的是能够使各国避开马六甲海峡、亚丁湾等恐怖主义和海盗活动多发的区域,以降低远洋航运的风险。而且如果发生国际冲

突,对北极能源运输通道采取封锁、截留等行动,其威力相当于直接进攻该国能源中心,对途经各国的能源通道安全造成潜在威胁。

▶▶ 船舶与海洋工程专业的知识结构和课程体系

➡➡ 知识结构

船舶与海洋工程专业是一个综合性极强的学科,它不仅涉及船舶的设计、建造、检验和维护,还包括海洋工程结构物的研究和开发。这个专业的知识结构通常包括基础理论课程,如高等数学、物理学和力学,以及更专业的课程,如流体力学、材料力学、船舶动力学和船舶设计原理。学生还需要学习船舶与海洋工程结构力学,这是为了深入理解船体和海洋平台在各种环境条件下的强度和稳定性。此外,船舶电气工程、船舶机械工程和船舶自动化也是这个专业不可或缺的组成部分,它们帮助学生掌握船舶和海洋工程系统的运行和维护。在实践教学方面,学生将有机会参与船模试验、船舶设计项目和海上实习,这些经验对于将理论知识应用于实际问题至关重要。毕业生可以在船舶设计和建造、海洋资源开发、海事管理和海洋环境保护等领域找到职业机会。随着全球对海洋资源的需求日益增长,船舶与海洋工程专业的毕业生将面临广阔的发展前景。

✧✧ 公共基础与通识课程

公共基础与通识课程主要包含思想政治类、军事体育类、人文社科类、外语类、数学与自然科学类等课程。除了国家规定的教学内容外,教学内容不低于教育部相关课程教学指导委员会制订的基本要求,各校会根据自身人才培养定位确定相关教学内容和教学要求。

❖❖ 专业基础类与专业类课程

专业基础类课程包含计算机类、力学类、工程制图类、机电基础类、工程概论类课程。

专业类课程包含专业必修课程和专业选修课程。

以船舶工程为办学特色的学校,专业类课程应包括:船舶静力学、船舶操纵性、船舶耐波性、船舶流体力学、船体强度与结构设计、船舶结构与制图、船舶设计原理、现代造船技术等课程。

以海洋工程为办学特色的学校,专业课程应包括:海洋工程环境、海洋工程波浪力学、海洋石油开发工艺与设备、海洋固定式平台、海洋浮式平台等课程。

以船舶与海洋工程管理为办学特色的学校,专业课应包括船舶与海洋工程专业课程的基本内容,在此基础上开设结合船舶与海洋工程特点的经济、管理类专业课程。

❖❖ 专业实践

专业实践教学环节主要包括工程训练、实验课程、课程设计、生产实习、毕业设计(论文)等。

工程训练:学生通过系统的工程训练,提高工程意识和动手能力,包括金工实习和认识实习等。

实验课程:包括认知性实验、验证性实验、综合性实验和

设计性实验等,培养学生实验设计、实施和测试分析的能力。

课程设计:主干课程一般设置课程设计,培养学生的设计能力和解决问题的能力。

生产实习:结合现代造船技术、船体建造工艺学课程的教学内容,观察和学习船舶、海洋平台的建造过程;了解各种加工设备的工作原理、功能、特点和适用范围;了解加工设计过程;了解先进的生产理念和组织管理方式。培养学生工程实践能力、发现和解决问题的能力。

毕业设计(论文):培养学生综合运用所学知识分析和解决实际问题的能力,提高专业素质,培养创新能力。

❖❖ 创新创业教育

组织学生参与科学研究、开发或设计工作,培养学生的创新思维、实践能力、表达能力和团队精神。

近年来,国内各高校的船舶与海洋工程专业越来越强调"强基础""重创新",尤其注意突出学科交叉类课程的设置,例如"船舶+力学""船舶+智能"等方面的学科交叉课程,适应新工科背景下船舶与海洋工程专业创新型人才培养的需求。

总的来说,船舶与海洋工程专业的知识结构既包括了基础理论知识,又涵盖了实践应用技能,同时还需要关注行业的发展动态和最新技术。这样的知识结构将使学生具备全面的专业素养和能力,为他们在未来的职业生涯中取得成功奠定坚实的基础。

➡➡ 课程体系

课程体系由"公共基础与通识课程""专业基础类与专业

类课程""专业实践与毕业设计（论文）""创新创业教育与个性发展课程""第二课堂""专创融合荣誉课程"模块等课程类别组成。一、二学年主要设置通识与公共基础课程、大类和专业基础类课程；三、四学年设置其他类专业教育课程，根据学生所选择的专业，进行宽口径的专业分流培养。

船舶与海洋工程专业的课程体系是全面而深入的，旨在为学生提供扎实的基础知识和专业技能。一般来讲，船舶与海洋工程专业毕业要求160学分，其中，公共基础与通识课程占总学分的比例不低于40%、专业基础类与专业类课程占总学分的比例不低于30%、专业实践与毕业设计（论文）占总学分的比例不低于25%、其他创新创业教育等占总学分的比例5%左右。

奔赴星辰大海：未来发展大有可为

向海而兴，背海而衰。禁海几亡，开海则强。

——林则徐

▶▶ 时代需求

随着中国经济的持续增长和海洋战略的深入推进，船舶行业的前景广阔，将在未来的国际海洋事务中扮演越来越重要的角色。一方面，随着中国经济的发展和海洋战略的推进，船舶与海洋工程行业得到了国家的大力扶持，并展现出蓬勃的发展势头，这为船舶与海洋工程专业的毕业生提供了更多的就业机会和广阔的发展空间。由于造船与海洋工程工业是一项资金密集、科技密集、劳动密集型产业，也催生了对大量高素质的专业技术人才的需求，目前的人才远达不到市场需求，满足不了企业的需要，这也是船舶与海洋工程专业近年来一直是就业前景佳的"绿牌"专业的原因所在。虽然受世界金融危机的影响，最近几年国际航运市场持续低迷，新船成交量价大幅下滑，尤其是2011年、2012年全球造船业的形势并不乐观，国际造船市场处于深度调整期，但经过了几年的调整之后,我国造船业已经"回暖"。从全球看,世界各个造船强国也都纷纷制定船舶工业发展战略和政策,保障造舰任务量,保持本国舰船工业的稳定发展。从长远看,在经过一个调整期之后,造船业依然前景看好。国投证券最近的研究报告显示,在全球"绿色动力"加速发展的背景下,船舶行业正经历一轮新的朱格拉周期,并且当前正处于"量价齐升"的初期阶段,预计2024年中国头部船企将迎来"红利三重奏",即在全球供给侧改革后形成的"新船订单向头部聚集"的产能优势、"供应小于需求"所带来的价格上涨优势及"订单数量与价格双高,而钢材成本保持低位"所带来的盈利增强效应。供给侧改革使得船舶产业经历深度调整,全球造船产能进一步集中在中国、韩国和日本三国,其中,中国造船业在转型升级中表现尤为突出,2023年新签船舶订单份额占全球总量的60%,并大力布局LNG船和绿色船舶领域,新接绿色船舶订单市场份额高达57.0%,在主流船型上实现了全面覆盖。

我国船舶工业经过70年的发展,船舶工业整体规模已进入世界大国行列,国际竞争力达到世界一流水平。在技术方面,我国船舶工业已基本形成了船舶现代科技创新体系,初步建立了现代高水平的船舶工业体系。近年来,我国在海洋工程装备及高技术船舶制造业方面取得了长足的进步。例如,节能环保的新型散货船、集装箱船、油船,以及液化天然气船、液化石油气(liquefied petroleum gas,LPG)船等高技术船型的需求旺盛,带来了更多的市场增量。我国的主要船舶与海洋工程装备制造企业不仅在国内拥有强大的生产能力,还在全球范围内建立了研发、营销和服务体系,提升了我国船舶工业的国际影响力。我国船舶工业正努力推动海洋工程装备和

高技术船舶产品及其配套设备的自主化和品牌化,以提高产业发展的层次、质量和效益。同时,船舶制造业正在朝着设计智能化、产品智能化、管理精细化和信息集成化等方向发展。世界造船强国已经提出打造智能船厂的目标,我国也在这一领域取得了进展。该行业在全球经济中拥有未来发展的巨大潜力。随着技术的不断进步和市场需求的变化,船舶设计与制造领域将继续推动新的创新和发展。船舶与海洋工程专业的学生和从业者可以期待在这个充满活力的行业中找到丰富的机遇。

▶▶ 就业领域

➡➡ 就业去向

一方面,船舶设计与制造领域是船舶与海洋工程专业毕业生的主要就业方向之一。随着国内外造船业的快速发展,对于具备船舶设计、制造、维修和管理等方面技能的专业人才需求量大增。毕业生可以在船舶制造企业、船舶设计院、船舶维修企业等单位从事相关工作,参与国内外大型船舶的设计、建造和维修项目,为国家造船业的发展贡献力量。另一方面,随着海洋资源开发和利用的不断深入,海洋工程结构设计与施工领域也为船舶与海洋工程专业毕业生提供了丰富的就业机会。毕业生可以从事海洋平台、海底管道、海上风力发电设施等海洋工程结构的设计、建造和维护工作,为海洋资源的开发提供技术支持和保障。此外,随着科技的不断进步和海洋经济的快速发展,船舶与海洋工程领域对于高端人才的需求也日益凸显。具备创新能力、实践能力和跨学科知识的毕业生将更具竞争力,能够在船舶与海洋工程领域取得更好的职业发展。然而,需要注意的是,船舶与海洋工程专业的就业前景虽然广阔,但竞争也相对激烈。毕业生需要具备扎实的专业知识、良好的实践能力和不断学习的精神,以适应行业发展的需求。同时,关注行业动态、拓展人际关系、提升综合素质也是提升就业竞争力的关键。

下面为部分船舶与海洋工程专业主要就业去向:

❖❖ 专业相关研究所和设计院

专业相关研究所和设计院是船舶与海洋工程专业毕业生的一个重要就业方向。在研究所工作,通常需要具备扎实的专业知识和较强的研究能力,运用专业知识,根据船舶的用途、航行环境等因素,进行科学合理的设计,确保船舶的安全性、经济性和舒适性;海洋工程研究涉及海洋资源的开发利用、海洋环境保护、海洋能源等多个领域,需要通过对海洋环境的深入调查和分析,提出切实可行的工程方案,推动海洋科技的进步,通过这些研发工作,可以推动船舶与海洋工程领域的创新发展。船舶与海洋工程专业毕业生最广泛就业的研究所为中国船舶集团有限公司,其按照党中央决策、经国务院批准,由原中国船舶工业集团有限公司与原中国船舶重工集团有限公司联合重组成立的特大型国有重要骨干企业,有科研院所、企业单位和上市公司95家,资产总额10 066.16亿元,员工20.5万人,拥有我国最大的造修船基地和最完整的船舶及配套产品研发能力,能够设计建造符合全球船级社规范、满足国际通用技术标准和安全公约要求的船舶海工装备,是全球最大的造船集团之一。中国船舶集团有限公司是海军武器

装备科研、设计、生产、试验、保障的主体力量，坚持把军工科研生产任务作为政治责任和首要任务，承担以航母、核潜艇为代表的我国海军全部主战装备科研生产任务，为海军转型发展提供了有力支撑。中国船舶集团有限公司是我国船舶工业发展的国家队、主力军，坚持走自力更生、自主创新发展道路，培育了国产大型邮轮、液化天然气运输船、超大型集装箱船等集研发、制造、配套为一体的世界级海洋装备先进产业集群，不断向全球产业链和价值链高端延伸，引领我国由世界第一造船大国走向造船强国，为我国经济社会发展和全球海洋事业发展作出了重要贡献。

❖❖❖ 船级社

船级社是许多船舶与海洋工程专业学生的一个优选项。船级社是一个专业的船舶技术检验和认证机构，其主要工作涉及以下几个方面：

船舶检验：船级社负责对新造船舶进行技术检验，确保其符合国际和国内的安全标准、环保要求及相关的技术规范和标准。这包括对船体结构、动力系统、电气设备等各方面的检查。发证与分类：经过检验合格的船舶，船级社会颁发相应的证书，证明其适航性和安全性。同时，根据船舶的类型、用途和性能，船级社会对其进行分类，以便于管理和保险。技术咨询与服务：船级社还提供技术咨询和服务，帮助船东、船厂和运营商解决技术问题，提高船舶的运营效率和安全性。制定技术规范和标准：船级社会根据行业发展和市场需求，制定相应的技术规范和标准，推动船舶技术的进步和创新。全球范围内有许多知名的船级社，以下是一些主要的船级社：挪威船级社(DNV)、美国船级社(ABS)、英国劳氏船级社(LR)、法国船级社(BV)、中国船级社(CCS)。其中,中国船级社是中国的国家级船舶技术检验机构,也是中国唯一从事船舶入级检验业务的专业机构。它在国际船级社协会中具有重要地位,是代表中国参与国际海事组织和国际船级社协会活动的重要机构。中国船级社的主要职责包括:为船舶、海上设施及相关工业产品提供技术规范和标准,并提供入级检验、法定检验、鉴证检验、公证检验、认证认可等服务。它还接受中国政府和其他国家或地区政府的授权,代行法定检验和有关主管机关核准的其他业务。在中国船级社工作,你将有机会参与到船舶检验的各个环节,接触到最前沿的船舶技术和国际标准。中国船级社还为员工提供了广阔的职业发展空间和多元化的培训机会,帮助员工不断提升专业技能和职业素养。

❖❖ 相关制造国有企业和民营企业

相关制造国有企业和民营企业作为船舶与海洋工程专业本科毕业生最常见的就业方向,主要涉及船舶的设计、建造、维修和改造,核心工作内容包括船舶设计、船舶建造、船舶维修与改造等,利用先进的计算机辅助设计软件,结合客户需求和国际规范,设计出既安全又经济的船舶;从钢板切割、焊接到整船的组装,每一个环节都需要高度的精确性和专业性;对于已经投入使用的船舶进行定期的检修、保养,或根据客户需求进行功能性的改造。国内有很多知名船厂,例如江南造船厂,它的历史悠久,技术积淀深厚,尤其在军用船舶建造方面有着卓越的声誉,拥有国内顶尖的船舶设计团队和先进的生产线,产品覆盖军民用多个领域;沪东中华造船厂,它专注于

大型液化天然气船、超大型集装箱船等高端船舶的建造,技术创新能力强,拥有多项国内外专利,产品出口到世界各地;大连船舶重工,它是东北地区最大的造船企业,以建造大型油轮、散货船等著称,地理位置优越,临近海港,便于船舶的试航和交付;同时,企业注重员工培训和职业发展。这些船厂不仅提供了大量的就业机会,还为员工提供了完善的培训体系和晋升空间。

❖❖ 海事局等国家政府及管理部门

船舶与海洋工程专业在考公和政府工作方面也有着独到的优势,首先,船舶与海洋工程专业对口岗位多,在公务员考试中,船舶与海洋工程专业的毕业生可以选择报考海事局、海洋局等涉海部门,这些部门每年都会招聘一定数量的专业人才。此外,一些地方政府也会招聘具有船舶与海洋工程专业背景的人才,以推动当地海洋经济的发展。此外,船舶与海洋工程专业也有选调生机会,选调生是各省党委组织部门有计划地从高等院校选调品学兼优的应届大学本科及其以上毕业生到基层工作的一种方式,对于优秀的船舶与海洋工程专业毕业生来说,还有机会通过选调生的方式进入政府部门工作,他们将在基层培养锻炼后,根据工作需要和个人情况,被逐步安排到各级党政机关工作。

此外,随着科技的不断进步和海洋经济的快速发展,船舶与海洋工程领域对于高端人才的需求也日益凸显。具备创新能力、实践能力和跨学科知识的毕业生将更具竞争力,能够在船舶与海洋工程领域取得更好的职业发展。然而,需要注意的是,船舶与海洋工程专业的就业前景虽然广阔,但竞争也相对激烈。毕业生需要具备扎实的专业知识、良好的实践能力和不断学习的精神,以适应行业发展的需求。同时,关注行业动态、拓展人际关系、提升综合素质也是提升就业竞争力的关键。

➡➡ 薪资待遇

船舶工业被称为"综合工业之冠",在国民经济 116 个产业部门中,船舶工业对其中的 97 个产业有直接消耗,关联面达 84%,其中尤以机械、冶金、电子等行业最为密切。以钢铁行业为例,2014 年我国造船用钢需求量为 1 300 万吨,其中造船板需求量就为 1 000 万吨左右。据统计,每建造一万载重吨船舶,可以解决船舶及其上游产业 3 000 个就业岗位。随着信息技术的不断发展,计算机、雷达、遥感技术的应用,环境保护要求的提高及对能源的更高效利用,船舶的动力装置、船舶电器设备、轮机自动化系统等都面临着新的技术要求与挑战,也需要高、精、尖技术人才来解决。

船舶与海洋工程专业毕业后的薪资待遇因多种因素而异,包括地区、企业规模、职位和个人经验等。首先,船舶与海洋工程是一个技术性强、专业性高的领域,对于具备专业技能和知识的毕业生,往往能够获得相对较高的薪资待遇。特别是在一些大型船舶制造企业、海洋工程公司或者研究机构,对于专业人才的需求量大。其次,不同地区和不同规模的企业在薪资待遇方面也存在差异。在一些沿海城市或者船舶制造基地,由于相关产业的发达和对于船舶与海洋工程人才的需求,薪资水平可能会更高。同时,大型企业和研究机构往往能够提供更好的薪资待遇和福利。此外,个人的经验和技能水

平也会对薪资待遇产生影响。随着工作经验的积累和技能的提升,毕业生的薪资水平也会逐渐提高。一些具备高级技能和管理能力的毕业生,甚至能够获得更高的薪资和更好的职业发展机会。需要注意的是,具体的薪资待遇还需要根据市场情况和企业的具体招聘政策来确定。因此,建议船舶与海洋工程专业的毕业生在求职过程中多了解相关信息,包括行业发展趋势、企业规模、职位需求等,以便更好地把握机会。

总的来说,船舶与海洋工程专业毕业后的薪资待遇相对较好,对于有志于从事该领域工作的毕业生来说,在考虑未来的职业道路时,船舶与海洋工程专业的学生和毕业生应该关注行业趋势,提升个人能力,并考虑如何将自己的专业知识应用到相关领域,如海洋可再生能源、海洋环境保护及新型船舶设计等。通过不断学习和适应,可以在这个充满挑战和机遇的领域中找到适合自己的位置,为祖国的国防事业和海洋经济发光发热。

➡➡ **继续深造**

船舶与海洋工程专业的毕业生还可以选择继续深造,攻读硕士或博士学位,以提升自己的学术水平和研究能力。这不仅可以为他们的职业发展打下更坚实的基础,还可以为他们在高校、科研机构等领域找到更好的工作机会。研究生阶段获得更深入的专业知识和技能,通常涵盖船舶设计、海洋工程、船舶制造等领域,继续深造可以提升专业知识,增强研究能力和解决复杂工程问题的能力,这不仅为未来的职业生涯打下坚实的基础,还可以为他们在高校、科研机构等领域找到更好的工作机会。此外,对于有意出国深造的学生,美国、加拿大、英国、挪威、德国、日本等国家的一些大学提供了高质量的船舶与海洋工程专业研究生课程。这些课程不仅提供先进的教育资源，还有机会参与国际合作和交流。

继续深造后，船舶与海洋工程专业的毕业生将具备更高的学术水平和专业能力，从而在职业选择上拥有更广阔的空间。

第一，可以在船舶与海洋工程领域的研究机构或高校从事科研工作，深入探索新的技术、材料和设计方法，推动船舶与海洋工程领域的技术进步和创新。

第二，可以选择进入高端的船舶设计、制造或海洋工程公司，担任重要的技术或管理职位。这些公司往往需要处理复杂的技术问题，开发创新的产品，因此他们非常需要具有深厚学术背景和专业技能的人才。

第三，随着海洋经济的不断发展，海洋资源的开发和利用也变得越来越重要，也可以选择进入海洋资源开发、海洋环境保护、海洋渔业等相关领域，为国家的海洋战略作出贡献。

总的来说，继续深造后的船舶与海洋工程专业毕业生在就业方面具有更多的选择和机会，他们可以在科研、设计、制造、管理等多个领域发挥自己的专业知识和技能，为船舶与海洋工程领域的发展作出更大的贡献。同时，也需要不断学习和更新知识，以适应不断变化的市场和技术环境。

▶▶ 职业发展

从行业发展趋势来看，船舶制造、海洋资源开发、海洋运

输等领域都在快速发展。特别是在新能源、深海探测、海洋环保等新兴领域,对船舶与海洋工程专业人才的需求更为迫切。这为毕业生提供了更多的就业选择和机会。

(1)就业机会多样。船舶与海洋工程专业的毕业生可以在造船厂、船舶设计公司、船检机构、航运公司、海事局、海洋工程公司等多个领域找到适合自己的工作。他们可以从事船舶设计、建造、维修、管理,海洋资源开发,海洋环境监测与保护等多种职业。

(2)行业发展空间大。随着科技的进步和创新,船舶与海洋工程领域不断涌现出新的技术、材料和工艺,为毕业生提供了更多的发展机会。例如,绿色船舶技术、智能船舶技术、深海工程技术等都是当前和未来的研究热点和发展方向。

(3)职业晋升渠道畅通。船舶与海洋工程专业的毕业生在初始阶段可能从事基础的设计、制造、维修等工作,但随着经验的积累和技能的提升,他们有机会逐步晋升为项目负责人、部门经理甚至公司高层。这些职位不仅薪资水平更高,还能让毕业生更好地发挥自己的专业能力,实现职业价值。

(4)国际合作与交流机会多。船舶与海洋工程是一个国际化的行业,毕业生有机会参与到国际项目中,与国外的同行进行合作与交流,拓宽自己的国际视野。

需要注意的是,船舶与海洋工程领域的竞争也日益激烈,毕业生需要不断提升自己的专业技能和综合素质,以适应行业发展的需求。同时,他们还需要关注行业动态,了解市场需求,以便更好地把握职业发展机会。

参考文献

[1] 方学智.船舶与海洋工程概论[M].北京:清华大学出版社,2019.

[2] 严似松.海洋工程导论[M].上海:上海交通大学出版社,1987.

[3] 刘蔚.船舶与海洋工程概论[M].北京:清华大学出版社,2019.

[4] 吴家鸣.船舶与海洋工程导论[M].广州:华南理工大学出版社,2013.

[5] 唐友刚.海洋工程结构动力学[M].天津:天津大学出版社,2008.

[6] 陈建民.海洋工程环境[M].北京:石油工业出版社,2016.

[7] 曾一非.海洋工程环境[M].上海:上海交通大学出版社,2016.

[8] 李乃胜.经略海洋:和谐海洋专辑[M].北京:海洋出版社,2022.

[9] 席龙飞.中国造船简史[M].大连:大连海事大学出版社,2018.

[10] 汪品先.深海浅说[M].上海:上海科技教育出版社,2020.

[11] 杨国桢.中国海洋资源空间[M].北京:海洋出版社,2019.

[12] 中国海洋学会.海洋科技与海洋资源[M].北京:中国科学技术出版社,2020.

[13] 冯雅丽.深海矿产资源开发与利用[M].北京:海洋出版社,2004.

[14] 辛仁臣.海洋资源[M].北京:中国石化出版社,2008.

[15] 徐质斌.中国海洋经济发展战略研究[M].广州:广东经济出版社,2007.

[16] 朱晓东.海洋资源概论[M].北京:高等教育出版社,2005.

[17] 宋喜红.海洋船舶产业发展现状与前景研究[M].广州:广东经济出版社,2018.

[18] 席梦龙.中国造船史[M].武汉:湖北教育出版社,1999.

[19] 王震,鲍春莉.中国海洋能源发展报告2022[M].北京:石油工业出版社,2022.

[20] 吴家鸣.船舶与海洋工程导论[M].广州:华南理工大学出版社,2016.

[21] 徐会希.自主水下机器人[M].北京:科学出版社,2019.

"走进大学"丛书书目

什么是地质？	殷长春	吉林大学地球探测科学与技术学院教授（作序）
	曾　勇	中国矿业大学资源与地球科学学院教授
		首届国家级普通高校教学名师
	刘志新	中国矿业大学资源与地球科学学院副院长、教授
什么是物理学？	孙　平	山东师范大学物理与电子科学学院教授
	李　健	山东师范大学物理与电子科学学院教授
什么是化学？	陶胜洋	大连理工大学化工学院副院长、教授
	王玉超	大连理工大学化工学院副教授
	张利静	大连理工大学化工学院副教授
什么是数学？	梁　进	同济大学数学科学学院教授
什么是统计学？	王兆军	南开大学统计与数据科学学院执行院长、教授
什么是大气科学？	黄建平	中国科学院院士
		国家杰出青年科学基金获得者
	刘玉芝	兰州大学大气科学学院教授
	张国龙	兰州大学西部生态安全协同创新中心工程师
什么是生物科学？	赵　帅	广西大学亚热带农业生物资源保护与利用国家重点实验室副研究员
	赵心清	上海交通大学微生物代谢国家重点实验室教授
	冯家勋	广西大学亚热带农业生物资源保护与利用国家重点实验室二级教授
什么是地理学？	段玉山	华东师范大学地理科学学院教授
	张佳琦	华东师范大学地理科学学院讲师
什么是机械？	邓宗全	中国工程院院士
		哈尔滨工业大学机电工程学院教授（作序）
	王德伦	大连理工大学机械工程学院教授
		全国机械原理教学研究会理事长

| 什么是材料? | 赵 杰 | 大连理工大学材料科学与工程学院教授 |

什么是金属材料工程?

	王 清	大连理工大学材料科学与工程学院教授
	李佳艳	大连理工大学材料科学与工程学院副教授
	董红刚	大连理工大学材料科学与工程学院党委书记、教授(主审)
	陈国清	大连理工大学材料科学与工程学院副院长、教授(主审)

什么是功能材料?

	李晓娜	大连理工大学材料科学与工程学院教授
	董红刚	大连理工大学材料科学与工程学院党委书记、教授(主审)
	陈国清	大连理工大学材料科学与工程学院副院长、教授(主审)

什么是自动化?	王 伟	大连理工大学控制科学与工程学院教授
		国家杰出青年科学基金获得者(主审)
	王宏伟	大连理工大学控制科学与工程学院教授
	王 东	大连理工大学控制科学与工程学院教授
	夏 浩	大连理工大学控制科学与工程学院院长、教授
什么是计算机?	嵩 天	北京理工大学网络空间安全学院副院长、教授
什么是人工智能?	江 贺	大连理工大学人工智能大连研究院院长、教授
		国家优秀青年科学基金获得者
	任志磊	大连理工大学软件学院教授

什么是土木工程?

| | 李宏男 | 大连理工大学土木工程学院教授 |
| | | 国家杰出青年科学基金获得者 |

| 什么是水利? | 张 弛 | 大连理工大学建设工程学部部长、教授 |
| | | 国家杰出青年科学基金获得者 |

什么是化学工程?

	贺高红	大连理工大学化工学院教授
		国家杰出青年科学基金获得者
	李祥村	大连理工大学化工学院副教授

什么是矿业?	万志军	中国矿业大学矿业工程学院副院长、教授
		入选教育部"新世纪优秀人才支持计划"
什么是纺织?	伏广伟	中国纺织工程学会理事长(作序)
	郑来久	大连工业大学纺织与材料工程学院二级教授

什么是轻工？	石　碧	中国工程院院士
		四川大学轻纺与食品学院教授（作序）
	平清伟	大连工业大学轻工与化学工程学院教授
什么是海洋工程？		
	柳淑学	大连理工大学水利工程学院研究员
		入选教育部"新世纪优秀人才支持计划"
	李金宣	大连理工大学水利工程学院副教授
什么是海洋科学？		
	管长龙	中国海洋大学海洋与大气学院名誉院长、教授
什么是船舶与海洋工程？		
	张桂勇	大连理工大学船舶工程学院院长、教授
		国家杰出青年科学基金获得者
	汪　骥	大连理工大学船舶工程学院副院长、教授
什么是航空航天？		
	万志强	北京航空航天大学航空科学与工程学院副院长、教授
	杨　超	北京航空航天大学航空科学与工程学院教授
		入选教育部"新世纪优秀人才支持计划"
什么是生物医学工程？		
	万遂人	东南大学生物科学与医学工程学院教授
		中国生物医学工程学会副理事长（作序）
	邱天爽	大连理工大学生物医学工程学院教授
	刘　蓉	大连理工大学生物医学工程学院副教授
	齐莉萍	大连理工大学生物医学工程学院副教授
什么是食品科学与工程？		
	朱蓓薇	中国工程院院士
		大连工业大学食品学院教授
什么是建筑？	齐　康	中国科学院院士
		东南大学建筑研究所所长、教授（作序）
	唐　建	大连理工大学建筑与艺术学院院长、教授
什么是生物工程？	贾凌云	大连理工大学生物工程学院院长、教授
		入选教育部"新世纪优秀人才支持计划"

	袁文杰	大连理工大学生物工程学院副院长、副教授
什么是物流管理与工程？		
	刘志学	华中科技大学管理学院二级教授、博士生导师
	刘伟华	天津大学运营与供应链管理系主任、讲席教授、博士生导师
		国家级青年人才计划入选者
什么是哲学？	林德宏	南京大学哲学系教授
		南京大学人文社会科学荣誉资深教授
	刘 鹏	南京大学哲学系副主任、副教授
什么是经济学？	原毅军	大连理工大学经济管理学院教授
什么是经济与贸易？		
	黄卫平	中国人民大学经济学院原院长
		中国人民大学教授（主审）
	黄 剑	中国人民大学经济学博士暨世界经济研究中心研究员
什么是社会学？	张建明	中国人民大学党委原常务副书记、教授（作序）
	陈劲松	中国人民大学社会与人口学院教授
	仲婧然	中国人民大学社会与人口学院博士研究生
	陈含章	中国人民大学社会与人口学院硕士研究生
什么是民族学？	南文渊	大连民族大学东北少数民族研究院教授
什么是公安学？	靳高风	中国人民公安大学犯罪学学院院长、教授
	李姝音	中国人民公安大学犯罪学学院副教授
什么是法学？	陈柏峰	中南财经政法大学法学院院长、教授
		第九届"全国杰出青年法学家"
什么是教育学？	孙阳春	大连理工大学高等教育研究院教授
	林 杰	大连理工大学高等教育研究院副教授
什么是小学教育？	刘 慧	首都师范大学初等教育学院教授
什么是体育学？	于素梅	中国教育科学研究院体育美育教育研究所副所长、研究员
	王昌友	怀化学院体育与健康学院副教授
什么是心理学？	李 焰	清华大学学生心理发展指导中心主任、教授（主审）
	于 晶	辽宁师范大学教育学院教授
什么是中国语言文学？		
	赵小琪	广东培正学院人文学院特聘教授
		武汉大学文学院教授
	谭元亨	华南理工大学新闻与传播学院二级教授

什么是新闻传播学？
　　　　　　　　陈力丹　四川大学讲席教授
　　　　　　　　　　　　中国人民大学荣誉一级教授
　　　　　　　　陈俊妮　中央民族大学新闻与传播学院副教授
什么是历史学？　张耕华　华东师范大学历史学系教授
什么是林学？　　张凌云　北京林业大学林学院教授
　　　　　　　　张新娜　北京林业大学林学院副教授
什么是动物医学？陈启军　沈阳农业大学校长、教授
　　　　　　　　　　　　国家杰出青年科学基金获得者
　　　　　　　　　　　　"新世纪百千万人才工程"国家级人选
　　　　　　　　高维凡　曾任沈阳农业大学动物科学与医学学院副教授
　　　　　　　　吴长德　沈阳农业大学动物科学与医学学院教授
　　　　　　　　姜　宁　沈阳农业大学动物科学与医学学院教授
什么是农学？　　陈温福　中国工程院院士
　　　　　　　　　　　　沈阳农业大学农学院教授（主审）
　　　　　　　　于海秋　沈阳农业大学农学院院长、教授
　　　　　　　　周宇飞　沈阳农业大学农学院副教授
　　　　　　　　徐正进　沈阳农业大学农学院教授
什么是植物生产？
　　　　　　　　李天来　中国工程院院士
　　　　　　　　　　　　沈阳农业大学园艺学院教授
什么是医学？　　任守双　哈尔滨医科大学马克思主义学院教授
什么是中医学？　贾春华　北京中医药大学中医学院教授
　　　　　　　　李　湛　北京中医药大学岐黄国医班（九年制）博士研究生
什么是公共卫生与预防医学？
　　　　　　　　刘剑君　中国疾病预防控制中心副主任、研究生院执行院长
　　　　　　　　刘　珏　北京大学公共卫生学院研究员
　　　　　　　　么鸿雁　中国疾病预防控制中心研究员
　　　　　　　　张　晖　全国科学技术名词审定委员会事务中心副主任
什么是药学？　　尤启冬　中国药科大学药学院教授
　　　　　　　　郭小可　中国药科大学药学院副教授
什么是护理学？　姜安丽　海军军医大学护理学院教授
　　　　　　　　周兰姝　海军军医大学护理学院教授
　　　　　　　　刘　霖　海军军医大学护理学院副教授

什么是管理学? 齐丽云　大连理工大学经济管理学院副教授
　　　　　　　汪克夷　大连理工大学经济管理学院教授
什么是图书情报与档案管理?
　　　　　　　李　刚　南京大学信息管理学院教授
什么是电子商务? 李　琪　西安交通大学经济与金融学院二级教授
　　　　　　　彭丽芳　厦门大学管理学院教授
什么是工业工程? 郑　力　清华大学副校长、教授(作序)
　　　　　　　周德群　南京航空航天大学经济与管理学院院长、二级教授
　　　　　　　欧阳林寒　南京航空航天大学经济与管理学院研究员
什么是艺术学? 梁　玖　北京师范大学艺术与传媒学院教授
什么是戏剧与影视学?
　　　　　　　梁振华　北京师范大学文学院教授、影视编剧、制片人
什么是设计学? 李砚祖　清华大学美术学院教授
　　　　　　　朱怡芳　中国艺术研究院副研究员